AF542390

MEJORA TU FÚTBOL:

FUNCIONES BÁSICAS EN CADA PUESTO

Fichas teórico-prácticas para jugadores de 13 a 15 años

Antonio Wanceulen Ferrer

El uso genérico del masculino en la redacción de esta obra, no tiene otra pretensión que la de hacer su lectura más fluida, bajo un criterio de total respeto a la igualdad entre las personas.

Título:
MEJORA TU FÚTBOL: FUNCIONES BÁSICAS EN CADA PUESTO.
Subtítulo:
Fichas Teórico-Prácticas para Jugadores de 13 a 15 años.
Autor:
Antonio Wanceulen Ferrer

Editorial: WANCEULEN EDITORIAL
Sello Editorial: WANCEULEN EDITORIAL DEPORTIVA
Colección: WANCEULEN FÚTBOL FORMATIVO

I.S.B.N. (Papel): 978-84- 9993-400-6
I.S.B.N. (Ebook): 978-84- 9993-401-3
Dep. Legal:

Web: www.wanceulen.com
Email: info@wanceuleneditorial.com
C/. Cristo del Desamparo y Abandono, 56 41006 SEVILLA

Primera Edición: Año 2016

ÍNDICE

INTRODUCCIÓN

Objetivos de la Colección de manuales:"Mejora tu fútbol"

El presente trabajo forma parte de una colección de manuales que pretenden movilizar los conocimientos relacionados con el fútbol, de jóvenes futbolistas y que se redactan con el objetivo de que sea un medio útil para los jóvenes jugadores, de modo que les aporte una base teórica que favorezca su formación hacia altos niveles.

Se incluyen en los referidos manuales, contenidos que cubren todas las áreas presentes en la formación orientada hacia la élite del fútbol:

- Funciones básicas del futbolista en cada puesto
- Táctica del fútbol
- Jugadas a balón parado
- Técnica del fútbol
- Reglas de juego
- Condición física
- La salud del joven futbolista
- Actitud para llegar al alto rendimiento
- Etc.

El saber (teoría) facilita el hacer (práctica), pero no es la panacea.

En el caso de futbolistas en periodo de formación, consideramos de utilidad que dispongan de una base teórica organizada, que le servirá de gran ayuda para dominar los principios que su entrenador trata de aplicar en entrenamientos y partidos. El saber (teoría) facilita el hacer (práctica), pero no es la panacea, es solo una ayuda en el proceso formativo que orienta el entrenador, club, etc.

Estos manuales, son de contenidos básicos y están orientados, a las edades entre 13 y 15 años. En España a las categorías Infantiles y Cadetes.

Nos ha parecido una buena orientación aplicar estas fichas teóricas que pueden propiciar acciones un tanto interactivas y que pueden ayudar al joven en los aspectos cognitivos del juego, tan importantes en las etapas de Fútbol Formativo.

No es objeto del presente trabajo el profundizar en las distintas materias del fútbol, ni de que el joven futbolista le dedique un excesivo tiempo. Bastará con que la referida acción interactiva del joven futbolista con el manual, se promueva una mejora en los conocimientos de los conceptos del fútbol, lo cual beneficiará tanto los aspectos formativos como otras actividades relacionadas con este deporte. Con esto, será suficiente para que el presente trabajo logre sus objetivos.

Las obras de esta Colección incluyen contenidos teóricos para su estudio y comprensión, así como ejercicios prácticos para ser desarrollados por el joven futbolista.

En la edición en papel los ejercicios prácticos se resuelven en el mismo libro en las zonas indicadas para ellos para ello.

En la edición en ebook los ejercicios y actividades propuestas se desarrollaran externamente en cualquier cuaderno de notas, papeles en blanco o copias con plantillas impresas de los campos de juego.

FORMA DE HACER USO DE LOS CONTENIDOS DE LOS MANUALES DE ESTA COLECCIÓN

Partimos de la base de que, a quien conoce la teoría de las distintas materias del fútbol, puede serle más fácil el practicarlo.

En el caso de futbolistas jóvenes, le facilitará el proceso de enseñanza/ aprendizaje que programe su entrenador.

El uso de este libro puede seguir el orden siguiente:

1º Leer los conceptos teóricos que se definen.

2º Revisar las jugadas de los gráficos que lleven propuestas de resolución de ejercicios.

3º El más importante, tu creatividad: utiliza las plantillas del gráfico de cada ejercicio, para hacer una propuesta distinta, personal, de cada jugada, que puede no coincidir con la propuesta del autor. Las puedes practicar en un papel en blanco.

4º La introducción del fútbol en la sociedad está tan generalizada, que una buena parte de los padres de jóvenes futbolistas, esos que conviven a diario en su esfuerzo deportivo, tienen unos conocimientos generales bastante amplios sobre este deporte y hemos pensado que dentro de la convivencia natural de ambos, el padre puede ayudarle a perfeccionar muchos conceptos teórico-prácticos.

Zonas y símbolos para representar las jugadas

A) División del terreno en zonas.**[Fig. 1]**

B) Símbolos utilizados para representar las jugadas **[Fig. 2]** Símbolos y flechas para representar fácilmente a los jugadores y sus movimientos: conducciones, pases, tiro a puerta, trayectorias, etc.

Fig. 1

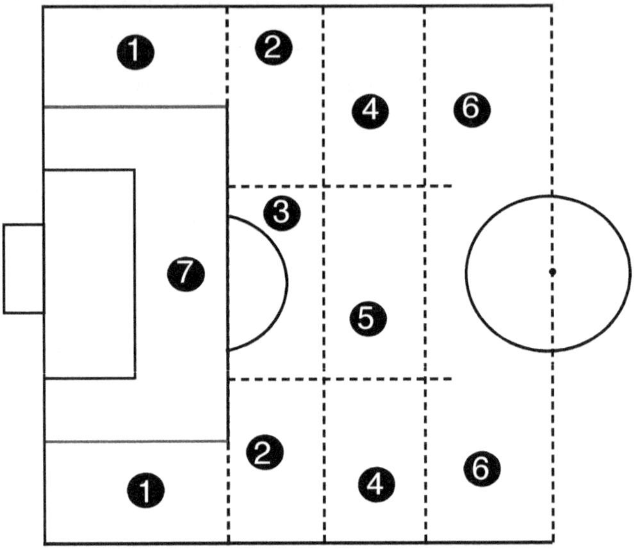

Fig. 2

- Símbolo que representa a un jugador del equipo A : 
- Símbolo que representa a un jugador del equipo B:  
- Desplazamiento del jugador sin balón: 
- Control orientado: 
- Desplazamiento del balón: 
- Conducción del balón:  
- Desplazamiento balón por alto: 
- Balón:

I. FUNCIONES BÁSICAS DEL PORTERO

Funciones del portero, en defensa

Desde su posición, el portero está en la mejor situación para coordinar los movimientos de marcaje y cobertura de sus defensas.

1. Dirigir y advertir a sus compañeros en las acciones defensivas.

Una importante función del portero, es la de dirigir las acciones de su línea defensiva. Lo hará con firmeza, motivando a los compañeros y usando mensajes cortos y eficaces. Orientará a sus compañeros en cuanto a las posiciones en las acciones del juego, dirigiendo con seguridad y claridad. Actuará en continua sincronía con el bloque defensivo, al que mantendrás en alerta y siempre concentrado en sus tareas.

2. Coberturas y sincronización con el bloque defensivo.

Cuando su equipo está en posición de ataque y con defensa adelantada y se corre el riesgo de que el contrario lance balones a espalda de dicha línea, al portero le corresponde hacer de jugador de cierre, para realizar las coberturas necesarias, pero ocupando posiciones equilibradas que prevengan posibles elevaciones del balón, que podrían rebasarle fácilmente.

Ejercicio 1.

Posiciona a los 11 jugadores de tu equipo, jugando con defensa adelantada y sitúa al portero en la posición más adecuada para hacer posibles coberturas.

▶ Partiendo de la forma en la que están posicionados en el gráfico de terrero de juego siguiente, marca con flechas los movimientos necesarios en todos los jugadores.

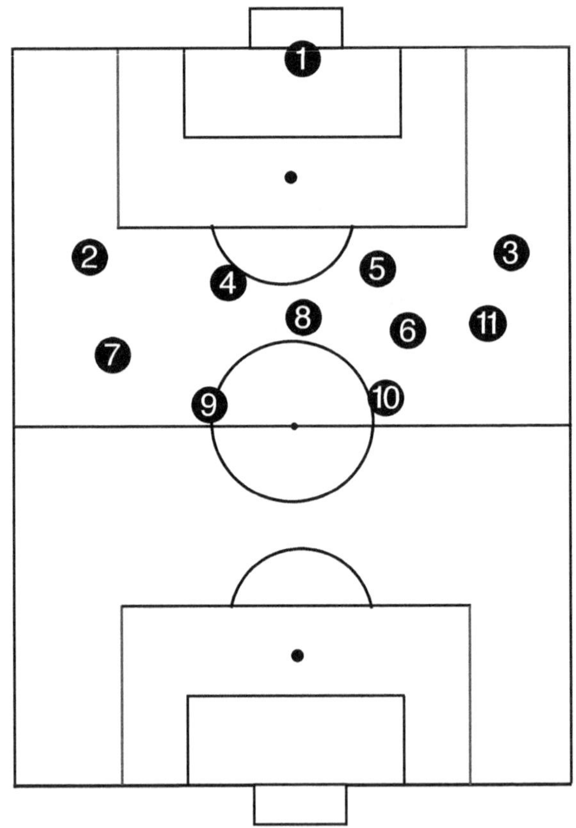

Propuesta para Ejercicio 1.

Una de las posiciones en que pudiera quedar nuestro equipo después de haber realizado el saque libre a nuestro favor y el oportuno repliegue colectivo.

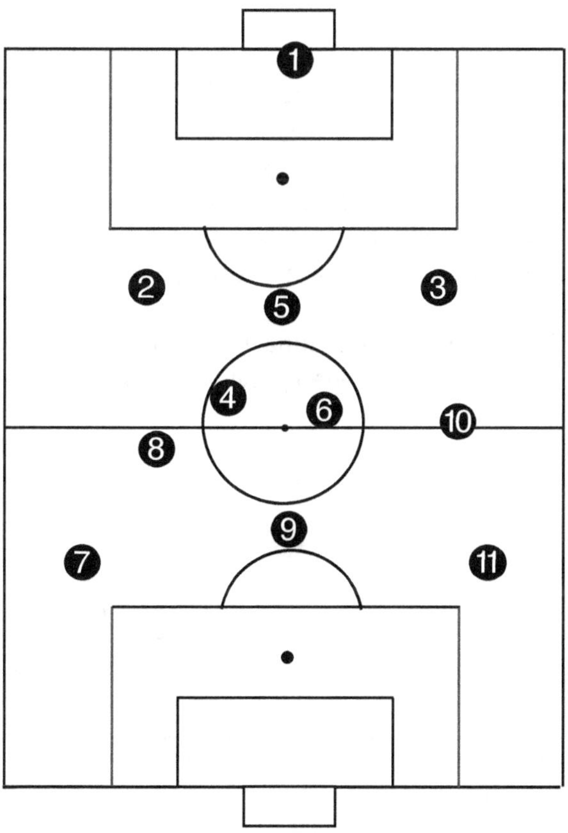

3. Coordinación en las jugadas a balón parado

En las jugadas a balón parado, el portero coordinará de la forma siguiente:

- En los saques libres a favor del equipo adversario, debe colocar la barrera y situar a los compañeros, marcando la iniciativa de las acciones
- En los saques de esquina, saques de banda cercanos, etc., situará a los compañeros y marcará la iniciativa de las acciones.

Ejercicio 2.

Saque libre directo a favor del adversario y situado en zona 2- izquierda (ver gráfico de zonas).

A unos 5 metros del frontal izquierdo de nuestra área. Los jugadores contrarios están posicionados para la jugada. El portero coordina la colocación de la barrera y los marcajes.

▶ Sitúa la barrera, posiciona los marcajes convenientes, etc., de forma que queden previstos los distintos riesgos.

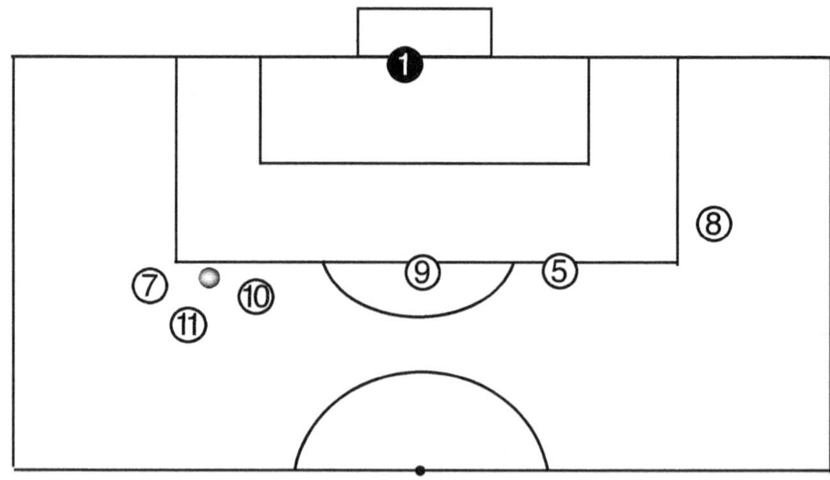

Propuesta para ejercicio 2.

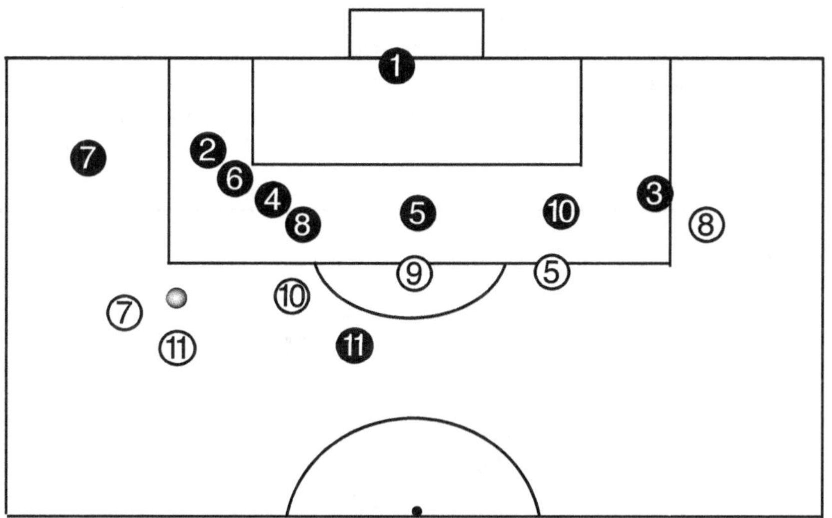

4. Otros aspectos técnico-tácticos a tener en cuenta en el juego del portero

A) Cuatro acciones que el portero, no debe hacer:

a) Salir a atajar a un adversario que NO ha desbordado a sus compañeros

b) Perseguir a un atacante fuera de su área de penalty

c) En balones a ras del suelo, abrir las piernas al cogerlo

d) Presentar las rodillas, si flexiona las piernas para blocar el balón

Ejercicio 3

El centrocampista de banda derecha contrario llega con balón controlado a la zona de nuestro lateral izquierdo 3, e intenta desbordarlo.

▶ Marca con una flecha una de las acciones erróneas que no debe cometer nunca el portero en dicha situación.

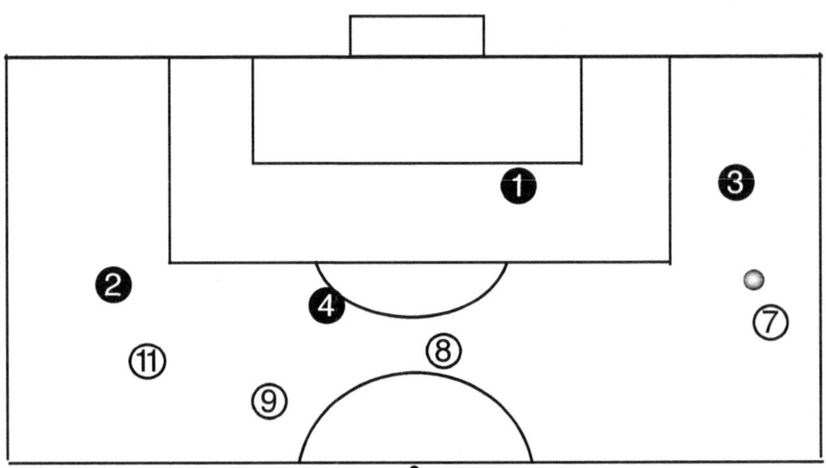

Propuesta para ejercicio 3.

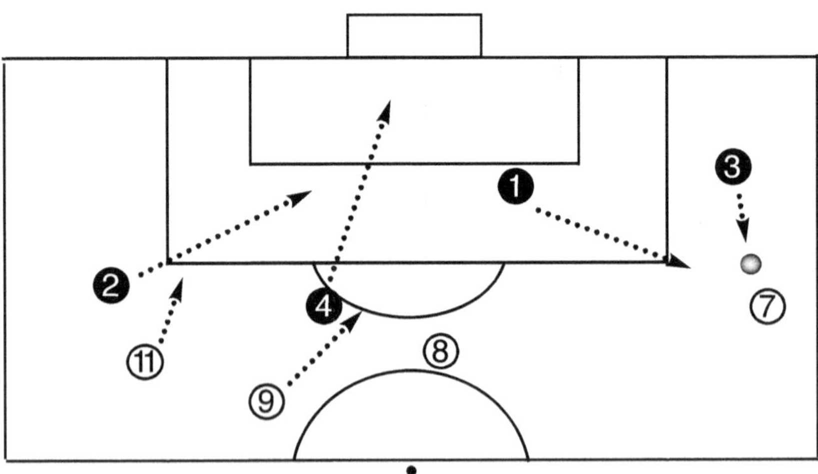

B) Cuatro acciones que el portero debe hacer SIEMPRE.

a) Proteger el balón con su cuerpo

b) En los balones altos, juntar los pulgares

c) En las estiradas se alcanza mayor distancia dando un paso por delante

d) Situarse en la bisectriz del ángulo que forma el balón con los postes

Ejercicio 4.

Un jugador contrario tiene el balón controlado para tirar a nuestra puerta, en la zona 2 derecha

▶ Sitúa al portero en la posición correcta: un metro por delante de la línea de gol y en la bisectriz del ángulo que forma el balón con los postes

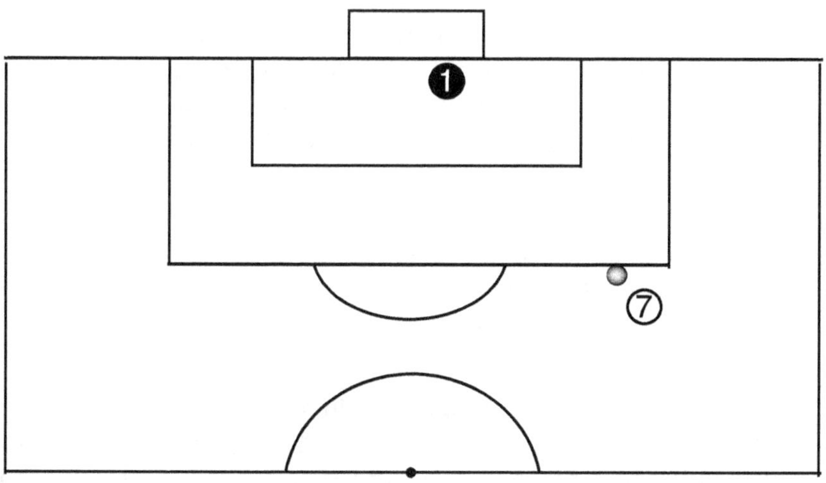

Propuesta para ejercicio 4

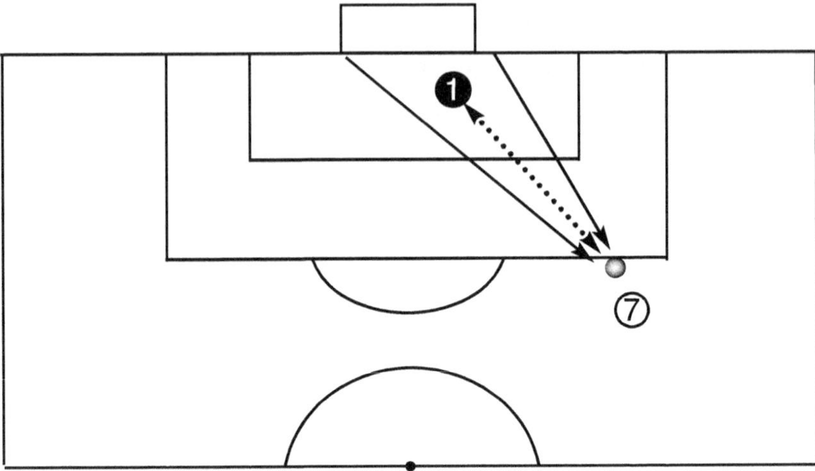

Técnica ofensiva del portero:

a) Saques de meta y saques a balón parado (Cercanos a su área)

Es conveniente que los saques de meta y los saques a balón parado (cercanos a nuestra área), los realice el portero, por que de esta forma, aseguramos disponer de un jugador de campo más para montar un ataque sobre la portería contraria.

b) Saques del portero con balón en juego.

El portero puede realizar los saques con balón en juego:

Con la mano: raso- media altura- alto

Con el pié: Volea- bote pronto

Los envíos deben ser muy precisos en distancias cortas y siempre realizarlos sobre el compañero mejor situado y por delante, facilitándole el control. En cuanto a los envíos en largo, si son sorprendentes y bien orientados a zonas de baja protección, pueden ser el mejor contraataque

Los saques de meta y del portero, conviene hacerlos, preferentemente por las bandas.

Cuando los saques se hagan en largo, conviene orientarlos a espalda de las líneas que dividen el bloque defensivo contrario, procurando ventajas posicionales de nuestros compañeros.

Ejercicio 5

Nuestro portero bloca un tiro del adversario y va hacer saque con el pie para rebasar el círculo central.

Nuestro equipo aplica 1-4-4-2. Partiendo de la posición que tienen los jugadores en el gráfico siguiente, posiciona a los 11 jugadores para el aprovechamiento del saque referido.

▶ Mediante línea arqueada dibuja la dirección y caída del balón a zona favorable de uno de nuestros jugadores situados ya en campo contrario, para que controle y aproveche la línea de pase que le ofrece 11, que será quien remate a puerta desde el frontal izquierda del área (zona 2 izquierda).

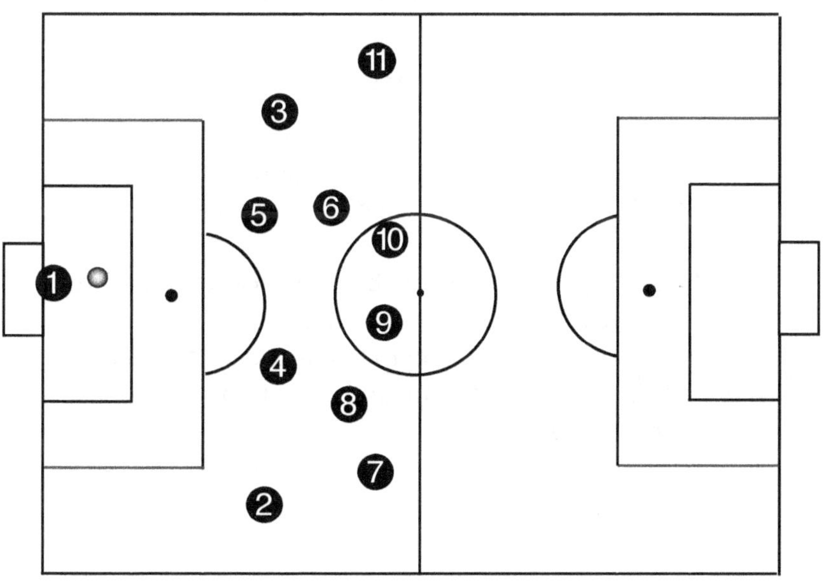

Propuesta para ejercicio 5

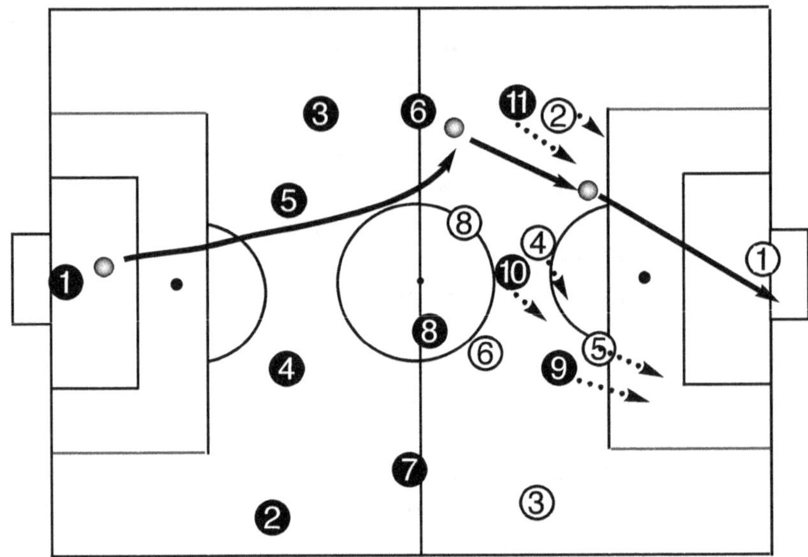

Ejercicio 6.

En posiciones avanzada de nuestro ataque tenemos a nuestros jugadores 7,9 y 11 y por detrás a nuestro jugador 10, todos ellos marcados por los defensores contrarios.

Nuestro portero bloca el balón procedente de tiro del adversario y hace saque en largo.

▶ Mediante línea arqueada y flecha dibuja la dirección y caída del balón a zona favorable de uno de esos tres jugadores en ataque.

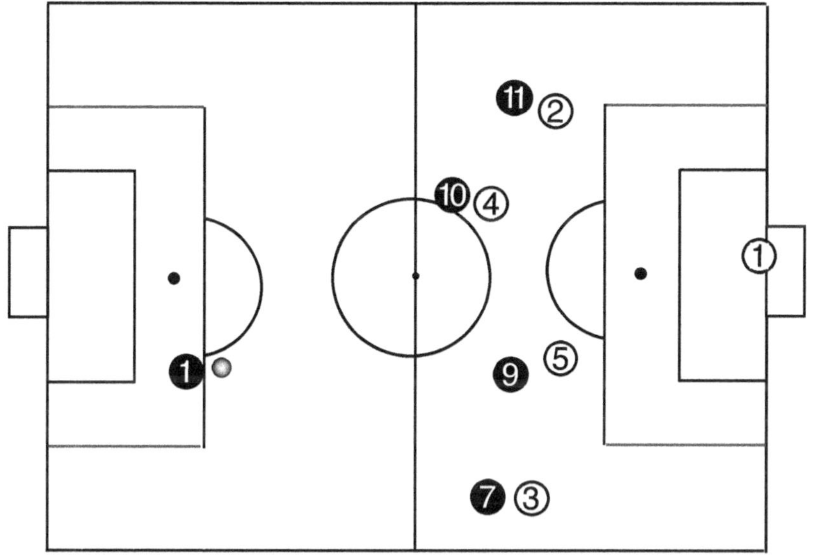

Propuesta para ejercicio 6

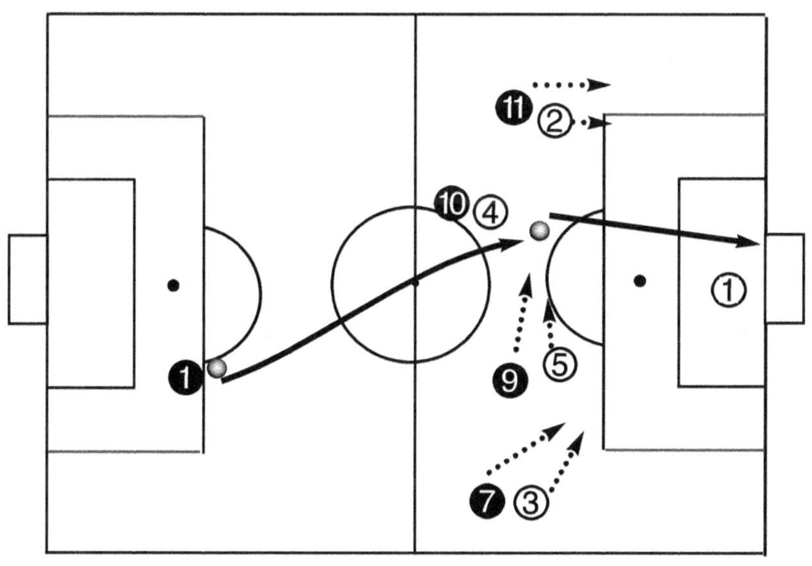

II FUNCIONES BÁSICAS DEL DEFENSA LATERAL

1. Principal función defensiva

La principal función defensiva del defensa lateral, es la de anular al contrario que le corresponda en el marcaje, sea este hombre a hombre, por zonas o mixto. En el marcaje a su par, le obligará a salir hacia fuera.

El defensa lateral defenderá sus correspondientes pasillos de juego, vigilando y marcando a los atacantes allí ubicados. Colaborará en asegurar el centro de la defensa.

Ejercicio 7.

El centrocampista de banda izquierda adversario 11, profundiza por el pasillo de nuestro lateral derecho 2.

▶ Marca con una flecha la dirección hacia donde tratará nuestro defensa de llevar la conducción del adversario, para que le sea más fácil arrebatarle el balón.

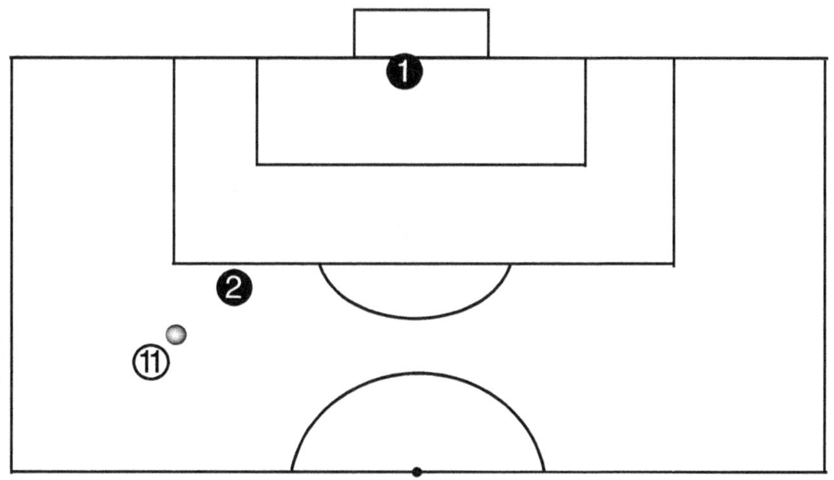

Propuesta para ejercicio 7

Ejercicio 8.

Nuestro central derecho se incorpora al ataque.

▶ Dibuja una jugada en la que se describa que debe hacer su compañero el lateral derecho y los dos restantes, para asegurar el centro de la defensa y evitar espacios libres. Marca los movimientos necesarios mediante flechas.

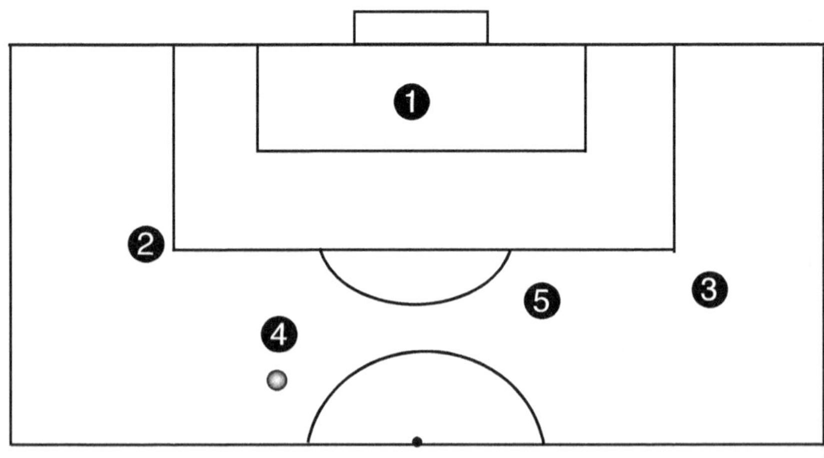

Propuesta para ejercicio 8

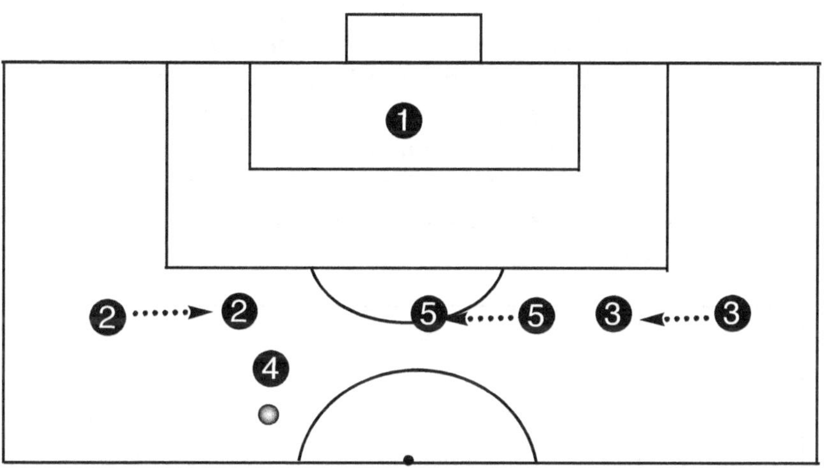

2, 3, 5 quedan posicionados de forma equilibrada, como última línea.

2. Colaboraciones en defensa

El defensa lateral hará las siguientes colaboraciones en defensa:

a) Cuando se incorpore al ataque el central de su lado, se desplazará proporcionadamente hacia el interior para evitar espacios libres.

b) Cuando el portero salga de su zona se colocará con venientemente en la portería, si es el que se encuentra más cerca del marco.

c) Realizará permutas con el central que haya salido en su auxilio, al ser desbordado.

Ejercicio 9.

► Dibuja una jugada, en la que el portero ha salido a atajar el balón que conduce un adversario que ha desbordado a nuestro lateral izquierdo 3 y que trata de entrar por la derecha en el área de penalty. Marca el movimiento del portero hacia el jugador contrario 7.

Indica con otra flecha, el movimiento que debe hacer nuestro lateral derecho 2, que está situado cerca del punto de penalty.

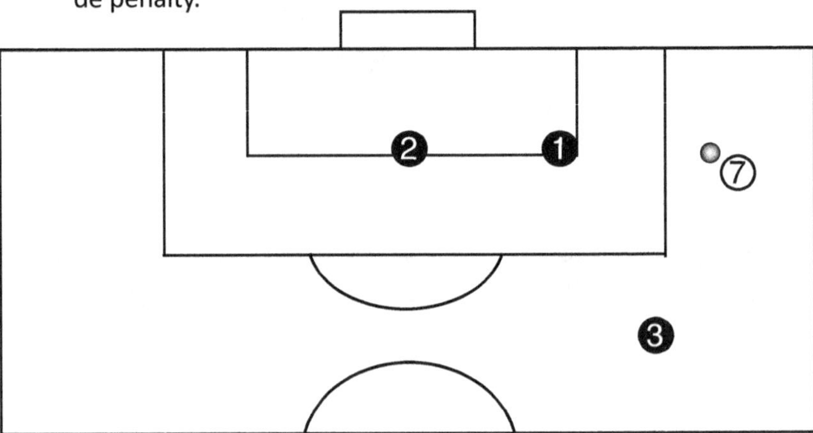

Propuesta para ejercicio 9

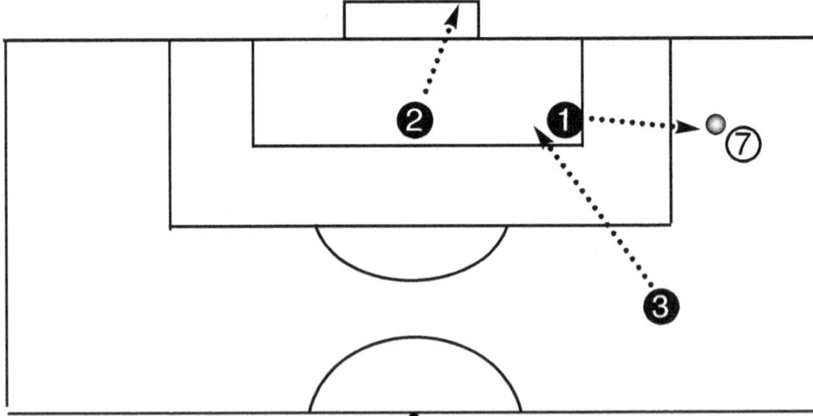

3. El defensa lateral, en ataque

Cuando el portero u otro compañero se apodere del balón después de un ataque adversario, los laterales deben abrirse a las bandas para facilitar las salidas en contraataque. En estas salidas debe jugar el balón siempre hacia delante, nunca en horizontal: si tiene espacio profundizará velozmente hacia el campo contrario, se apoyará en algún compañero o realizará cambio de orientación.

Ejercicio 10.

Un ataque adversario termina en blocaje de nuestro portero y vamos a iniciar un contraataque.Partiendo de las posiciones que tienen los jugadores en el gráfico de terreno de juego siguiente, dibuja mediante flechas la jugada y sus movimientos. En el inicio, se sitúan en amplitud los defensas laterales. El portero envía con la mano al lateral izquierdo 3 y este, participará en la jugada con acciones y criterios que favorezcan el contraataque.

▶ Desarrolla todo el contraataque, de forma que termine con tiro a puerta de nuestro centrocampista de banda derecha 7.

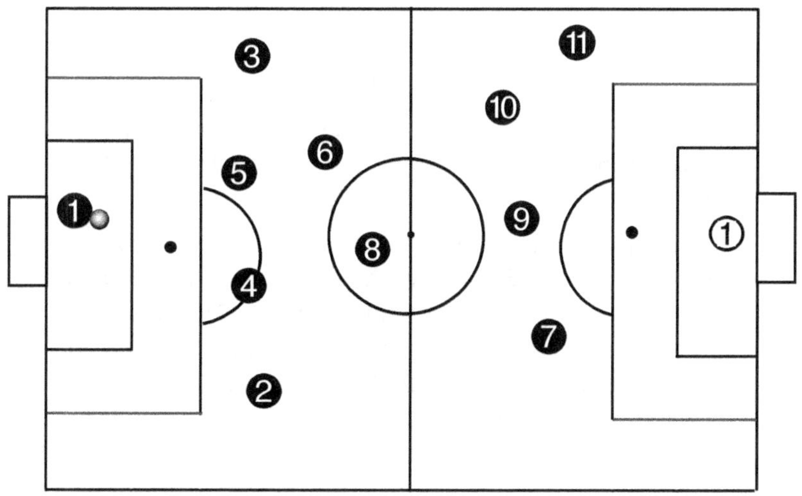

Propuesta para ejercicio 10

Los defensas laterales harán los desdoblamientos de forma sincronizada con el poseedor del balón y con el centrocampista de su misma banda y con inteligente aprovechamiento del espacio.

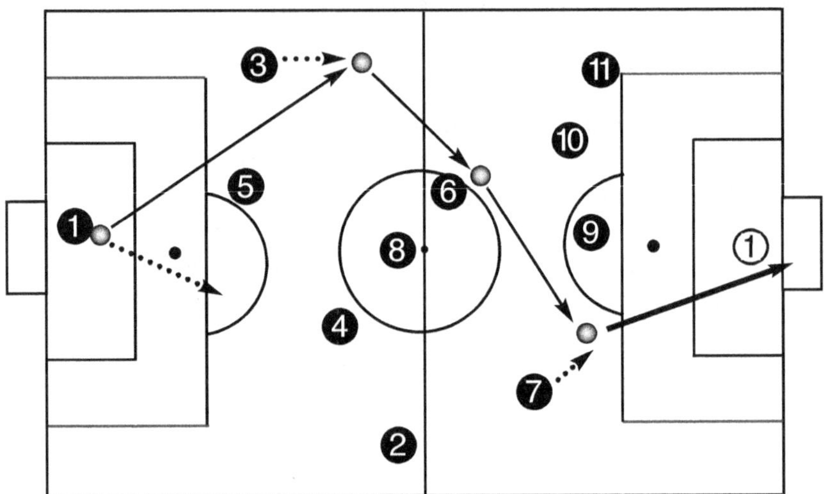

Ejercicio 11.

Jugada de contraataque que se inicia en nuestro portero, enviando el balón con la mano a nuestro lateral derecho 2

Este profundiza con el balón hasta rebasar a los centrocampistas 6 y 8 y aprovechará líneas de pase que le ofrecen nuestros jugadores en punta 11, 9 y 7, para que termine el contraataque con tiro a puerta de nuestro centrocampista de banda izquierdo 11. En cuanto a 8 y 6, se complementan en el necesario desdoblamiento por la acción ofensiva de nuestro lateral 2.

▶ Partiendo de las posiciones de los jugadores en el gráfico siguiente, desarrolla el contraataque completo, indicando con flechas los movimientos del balón y jugadores. Marca con flechas los movimientos del desdoblamiento.

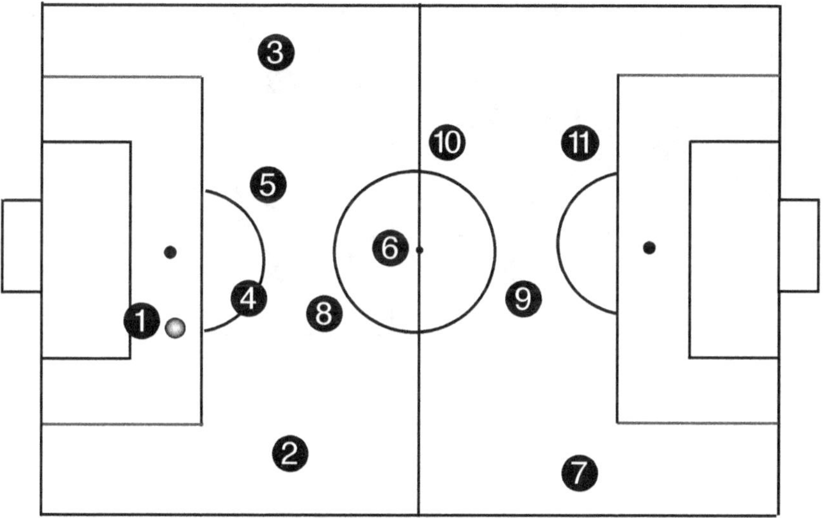

Propuesta para ejercicio 11

Los defensas laterales harán entradas en ataque por los espacios libres que se produzcan.

Pocas veces entrarán conduciendo y desbordando adversarios, salvo en situación cercana al área contraria y con las funciones defensivas resguardadas por algún compañero. Según situación final de la jugada, terminarán con tiro o pase.

En entradas por banda, finalizarán con centros sobre la marcha, sin recortes hacia dentro, sin regates añadidos, que permiten el rearme defensivo del contrario.

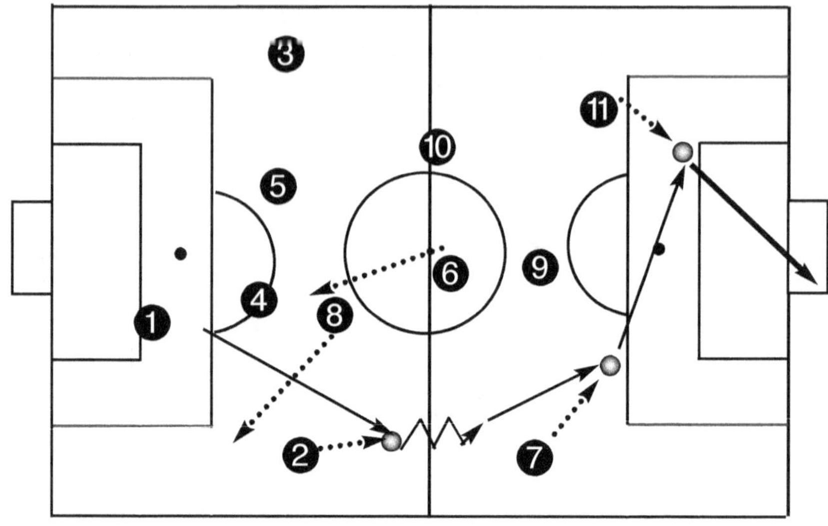

Ejercicio 12.

Jugada de contraataque que inicia nuestro portero sobre nuestro lateral derecho abierto a banda, que aprovechando una situación favorable de espacios libres, profundiza con el balón.

Representa la jugada, de forma que el lateral aplique criterios lógicos en toda acción ofensiva y velocidad en el juego, tanto en su desarrollo como en su finalización para no facilitar el rearme defensivo del equipo adversario.

▶ Desarrolla el contraataque completo, que termina con tiro a puerta de nuestro centrocampista ofensivo 10 y utiliza flechas para marcar los movimientos de los jugadores y del balón.

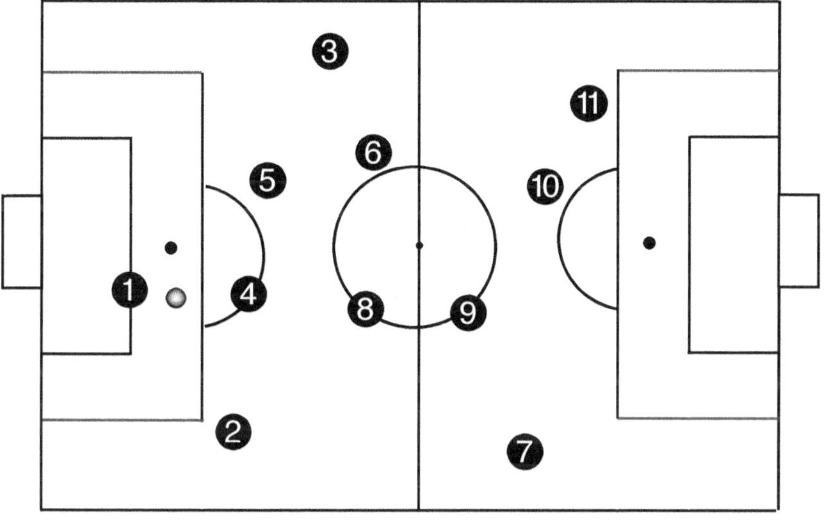

Propuesta para ejercicio 12

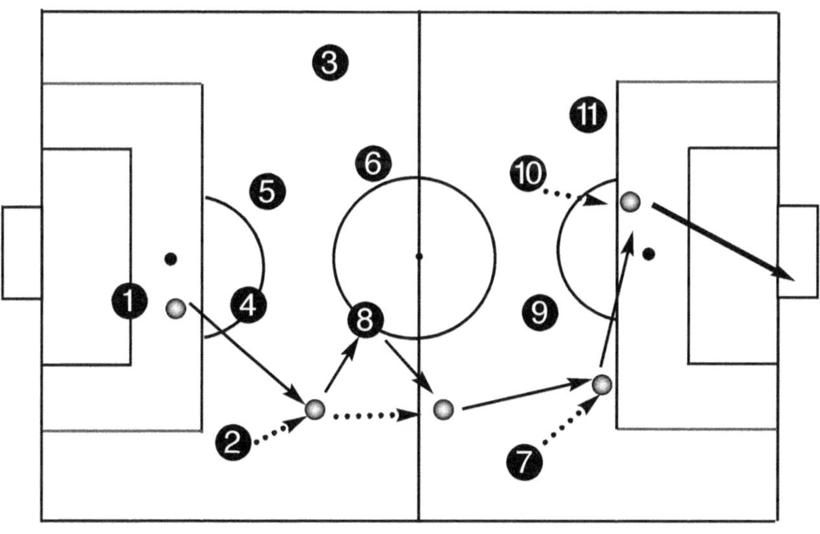

III. FUNCIONES BÁSICAS DEL DEFENSA CENTRAL

1. Principal función defensiva

La principal función defensiva del defensa central será la de marcar al delantero rival sin darle tiempo ni espacio para el juego. Alternarán acciones de marcaje individual con acciones de cobertura defensiva, al otro defensa central o al lateral próximo.

Ejercicio 13.

Nuestros jugadores están situados en la forma que se indica en el gráfico de terreno de juego siguiente.

El jugador adversario 7, penetra por su banda y desborda a nuestro lateral izquierdo 3. Nuestro central izquierdo 5, abandona su marcaje del adversario 8 y acude sobre el poseedor del balón, en cobertura a su compañero desbordado, intentando recuperar el balón. El lateral izquierdo 3, completa la acción defensiva permutando con el central 5.

- ▶ Representa los movimientos mediante flechas.

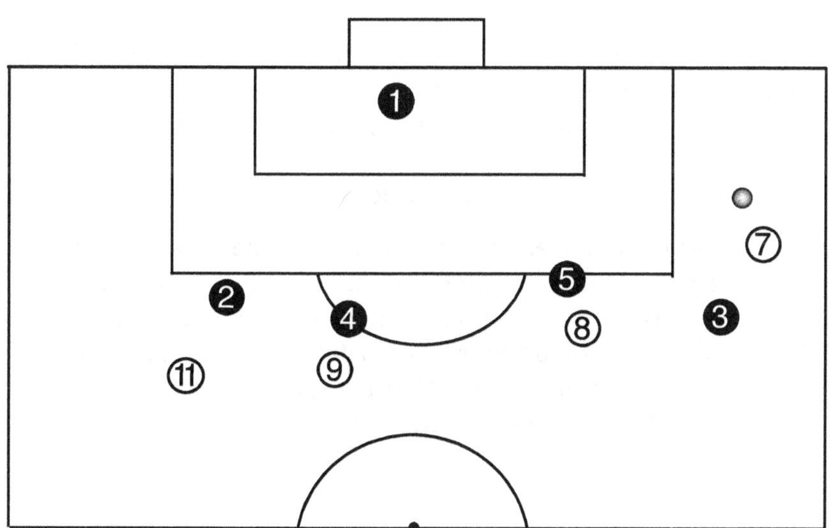

Propuesta para ejercicio 13

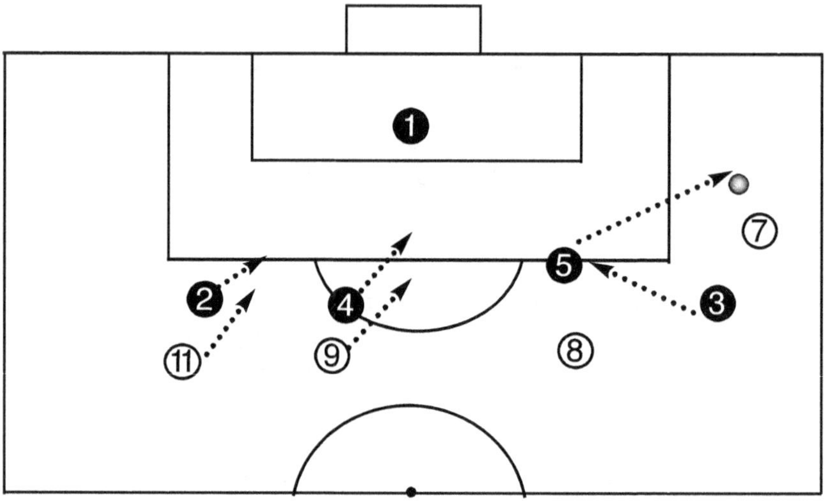

2. Coordinar la defensa para propiciar el fuera de juego de los adversarios

El defensa central suele coordinar la defensa para aprovechar a nuestro favor la ley del fuera de juego.

Un buen defensa central debe poseer una rápida capacidad de reacción, ante el juego adversario, un buen juego de cabeza, precisión en el marcaje, habilidad en la anticipación y velocidad.

Ejercicio 14.

Nuestro portero sale de su zona de meta para tratar de evitar una situación de riesgo, ya que el jugador adversario 11, ha desbordado a nuestro lateral derecho 2 y profundiza con balón. Nuestros defensas 4 y 3, están en la línea frontal del área. Nuestro central 5 está situado cerca del punto de penalty.

▸ Partiendo de la posición de los jugadores, marca con flechas la jugada y en especial, el movimiento que le corresponde hacer al central 5.

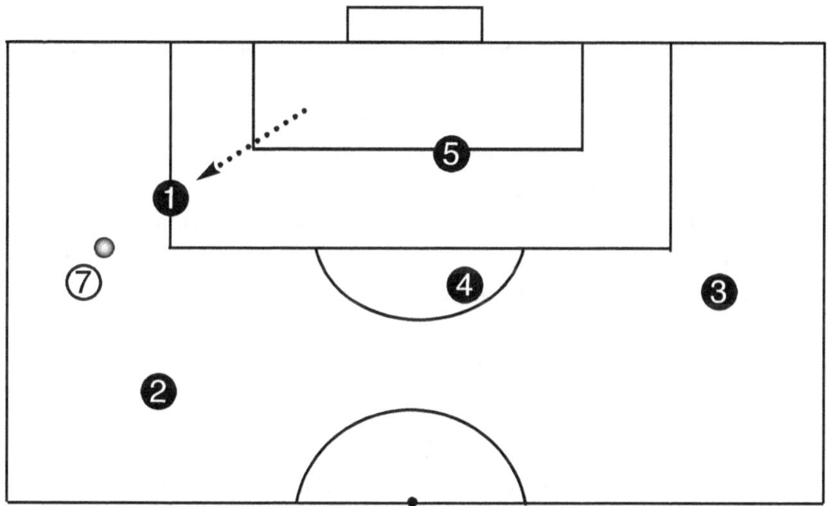

Propuesta para ejercicio 14

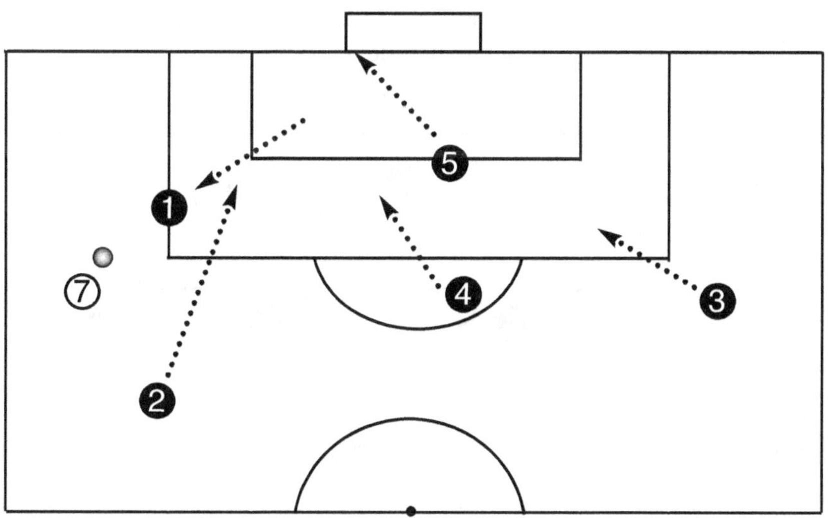

3. Ajustes de su posición en el campo

El defensa central, partiendo de las acciones de sus compañeros del bloque defensivo, hará los siguientes ajustes a su posición en el campo:

a) Cuando el portero salga de su zona, se colocará convenientemente en la portería, si es el que se encuentra más cerca del marco

b) Cuando el otro central se incorpore al ataque, ajustará su propia posición defensiva para evitar espacios libres.

c) Cuando el defensa lateral más próximo a su zona, se incorpore al ataque realizará la oportuna vigilancia hasta que recupere la posición defensiva.

Ejercicio 15.

Partimos de la posición de nuestros jugadores de línea defensiva en el gráfico.

El lateral derecho 2 se incorpora al ataque. Representa una jugada en la que se describa que debe hacer su compañero el defensa central derecho 4 y los dos restantes 5 y 3, para asegurar la línea defensiva y evitar espacios libres.

▶ Marca los movimientos necesarios mediante flechas, concretando la posición final de 4, 5 y 3.

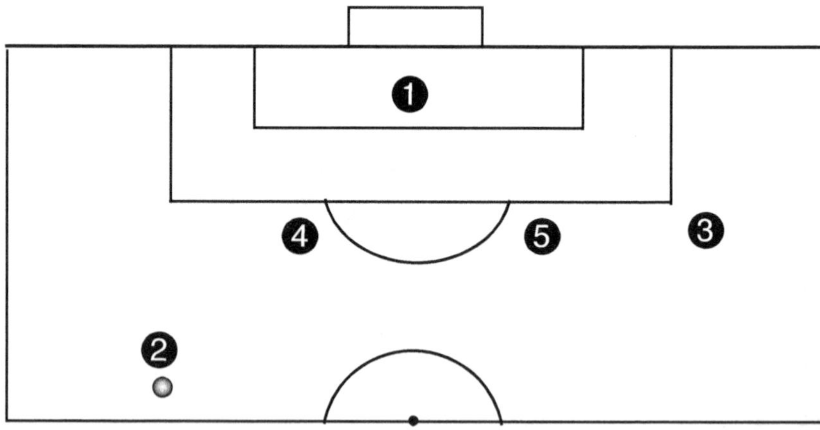

Propuesta para ejercicio 15

4, 5, 3 quedan posicionados de forma equilibrada como última línea de defensa

El defensa central, en ataque

4. **Precauciones de los centrales en las acciones ofensivas**

   Precauciones que conviene tomar en las acciones ofensivas que realicen los defensas centrales: No es recomendable que los centrales se prodiguen en incursiones de ataque de forma sistemática, ya que nos pueden sorprender con jugadas muy peligrosas. Por tanto, se realizarán esporádicamente, con sorpresa y en situación favorable.

5. **Criterios aplicables a las acciones ofensivas que realicen los centrales**

   Conviene que hagan las incursiones hacia los espacios libres y donde los contrarios presenten sus puntos débiles, sincronizando con el otro central y no abandonando nunca los dos hombres del centro de la defensa al mismo tiempo. Evitarán hacer conducciones largas y se basarán en paredes y ocupación de espacios libres creados.

Cuando lleguen cerca de la portería rival, deben finalizar la jugada aunque las garantías de éxito no sean totales, lo cual es preferible a regates o pases horizontales que pueden propiciar un contraataque en desventaja.

Ejercicio 16.

Nuestro central 5 corta un ataque adversario en el frontal de su área de penalty.

Inicia contraataque por el centro y mediante paredes y aprovechamiento de espacios, se sitúa en el círculo central, donde cede el balón a su centrocampista ofensivo 10 que le apoya frontalmente. 10 aprovecha la línea de pase que le ofrece su compañero 9, que recibe el balón en frontal derecho del área contraria y tira a puerta.

▶ Mediante flechas dibuja toda la jugada, incluyendo la rápida recuperación de su posición del central 5, después de su pase a 10 y el desarrollo final del contraataque.

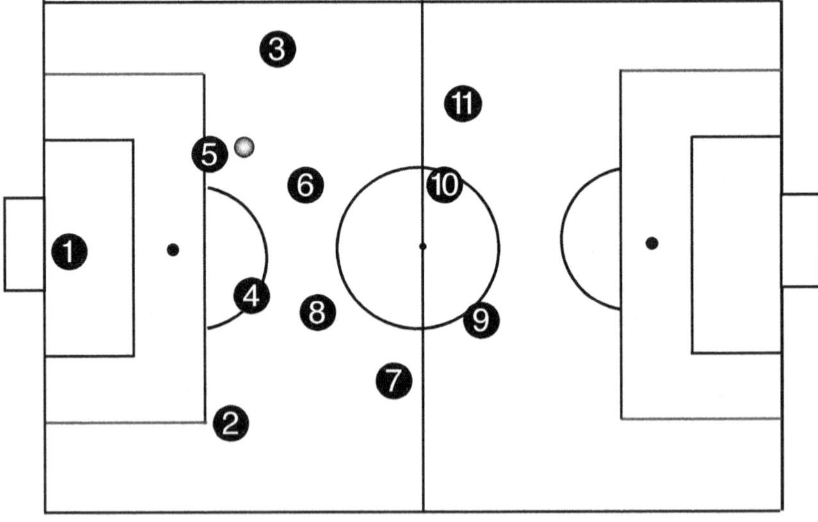

Propuesta para el ejercicio 16.

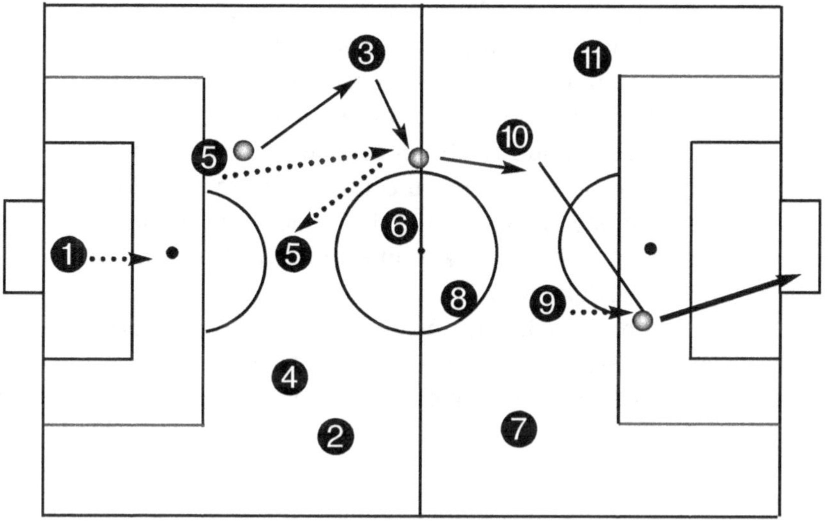

6. Colaboraciones ofensivas de los defensas centrales

Los defensas centrales pueden realizar las siguientes colaboraciones ofensivas:

- Cuando los defensas laterales tengan tapadas las salidas, en las jugadas de envíos de su portero, los centrales pueden facilitar el contraataque con posiciones alternativas.
- En los saques de banda en el centro del campo, pueden ser muy eficaces, arrastrando contrarios hacia la banda o creando espacios en el centro, o aprovechando los espacios libres que se produzcan en el desarrollo de la jugada.
- Desde su posición debe prodigar los cambios de ritmo y de orientación.

Ejercicio 17.

Nuestro portero bloca balón y saca con la mano a su lateral 3, que se ha abierto a banda. Intenta avanzar, pero tiene tapada la salida por su pasillo.El central izquierdo 5, le ofrece una posición alternativa, con línea de pase favorable. Cuando recibe el central 5, progresa brevemente y cede el balón a su centrocampista ofensivo 10 que se ofrece en apoyo lateral. 10 hace pase en profundidad a 11, que centra al primer poste para el remate a puerta del delantero 7.

▶ Partiendo de la posición inicial de nuestros jugadores, y mediante flechas, representa el contraataque completo y la rápida recuperación de la posición del central 5.

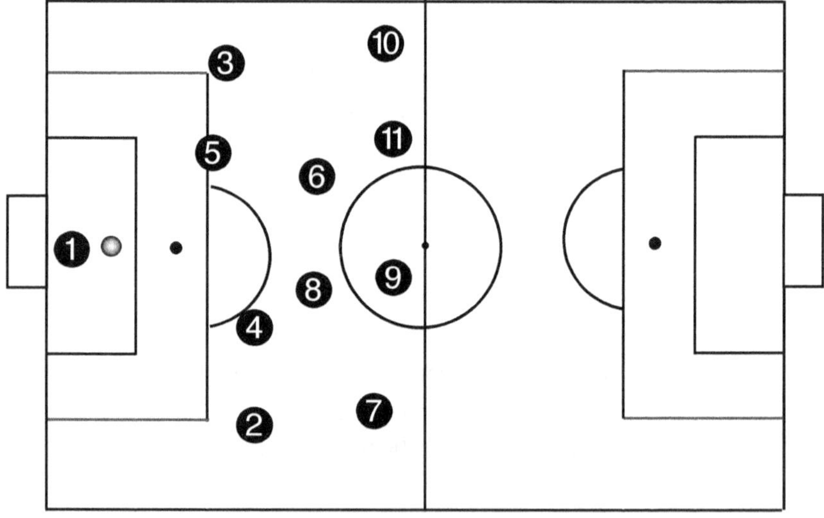

Propuesta para ejercicio 17

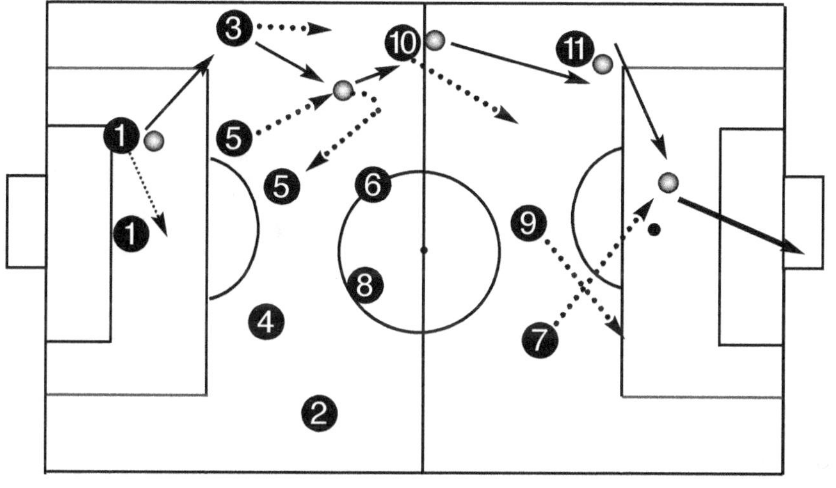

IV. FUNCIONES BÁSICAS DEL CENTROCAMPISTA DEFENSIVO

1. Principales funciones del centrocampista defensivo, en defensa

Debe ocupar la zona del centro del campo, sirviéndole de referencia el círculo central. Por dicha zona pasan gran cantidad de balones de distintas procedencias: Despejes de los defensas, envíos de los porteros, pases mal dados tanto en horizontal como en diagonal, diversos rebotes... No perdiendo la posición el jugador que ocupa esta demarcación jugará muchos balones a lo largo del partido. Pueden citarse las siguientes funciones:

a) El centrocampista defensivo servirá de enlace entre la defensa y el resto del equipo, cuando se produzca un desequilibrio entre líneas a consecuencia de un ataque o contraataque masivo.

b) El centrocampista defensivo se situará retrasado con respecto a los tres centrocampistas restantes. Muchas veces hará como hombre libre en la zona de medio campo.

c) Debe hacer cobertura a los centrocampistas de banda cuando estos puedan ser desbordados. Cuando las circunstancias del juego lo aconsejen, ocupará el lugar del central que se sume al ataque.

Ejercicio 18.

Nuestro central izquierdo 5, se suma al ataque.

Partiendo de la situación en el terreno de juego de los jugadores que figuran en el gráfico siguiente, el centrocampista defensivo 6, ocupará la del central 5.

▶ Mediante flechas, marca los oportunos movimientos.

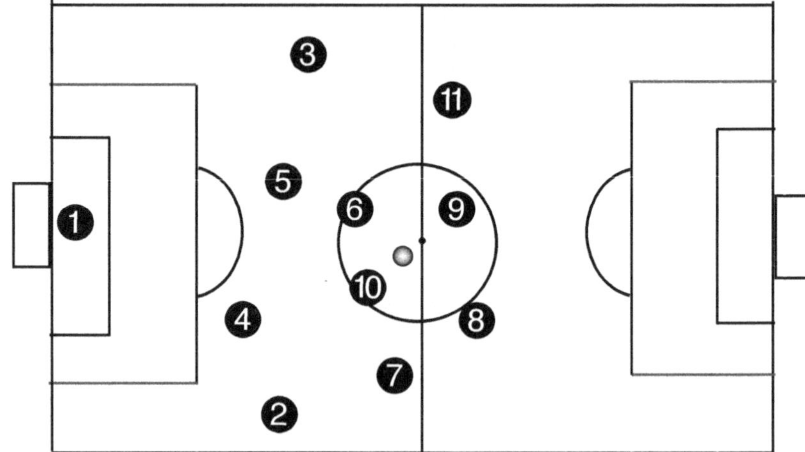

Propuesta para ejercicio 18

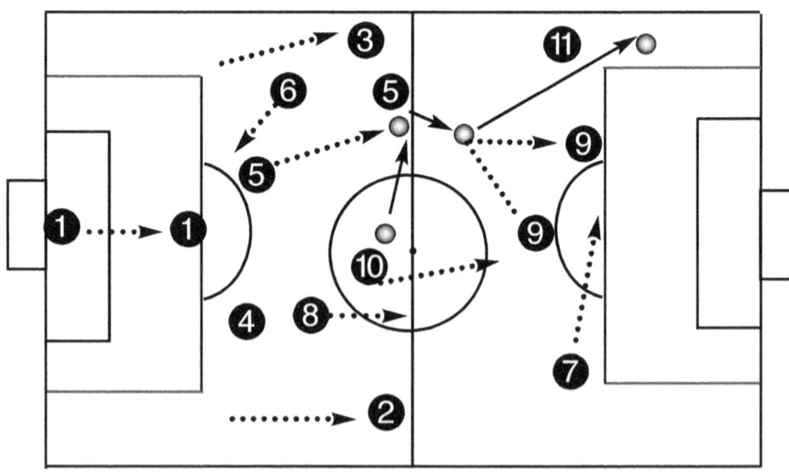

Ejercicio 19.

El lateral derecho del equipo adversario, desborda a nuestro centrocampista de banda 11 y nuestro centrocampista defensivo 6, realiza cobertura. 11 realiza permuta con 6.

- ▶ Partiendo de la posición de los jugadores en el gráfico siguiente, dibuja la jugada completa, indicando con flechas los movimientos que realizarán los jugadores.

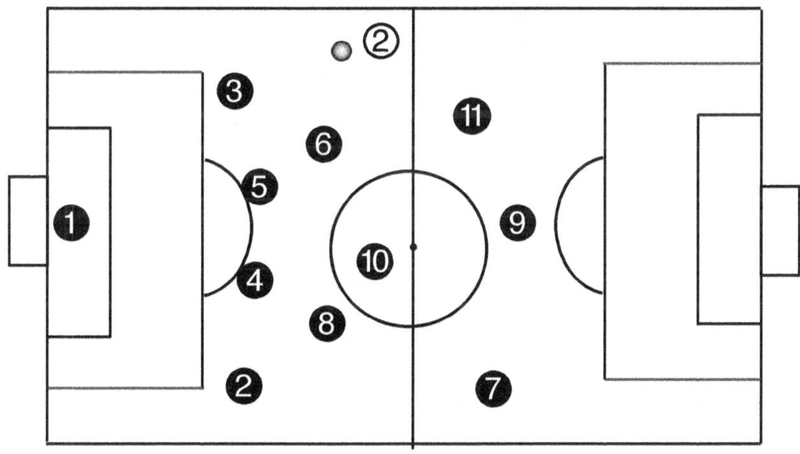

Propuesta para ejercicio 19

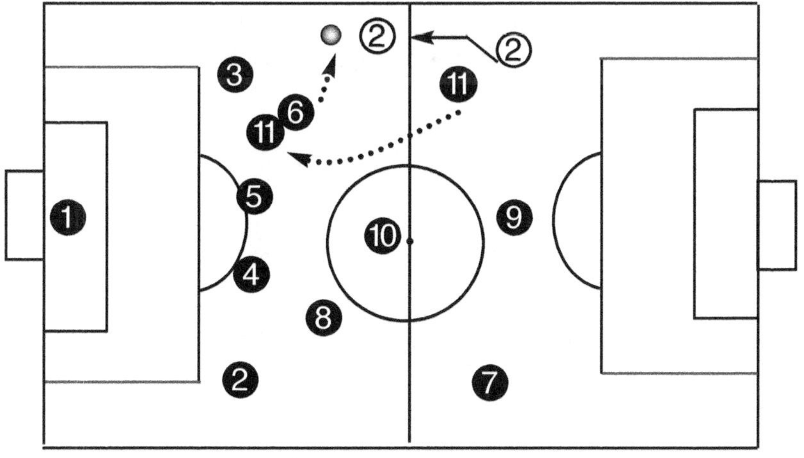

2. El centrocampista defensivo y su participación en ataque

Entre las funciones ofensivas del centrocampista defensivo, pueden incluirse:

a) Teniendo en cuenta que su zona de influencia es por donde más balones pasan a lo largo de un partido, de sus botas pueden salir gran número de ataques y contraataques.

b) Una vez que se haya apoderado del balón, de inmediato realizará la jugada más eficaz para su equipo, por lo que debe de tener una gran capacidad para "leer el partido" y saber en todo momento la situación de rivales y compañeros.

c) Servirá de enlace con los defensas laterales en las salidas de contraataque de envíos de manos del portero.

Ejercicio 20.

El portero del equipo adversario, hace saque en largo. Nuestro centrocampista defensivo 6 se apodera del balón y aprovechando el desmarque de ruptura de su compañero 11, le envía el balón en profundidad. 11 centra al segundo poste, donde remata a gol nuestro centrocampista de banda derecha 7.

▶ Representa la jugada completa, mediante flechas que indiquen los movimientos de jugadores y balón.

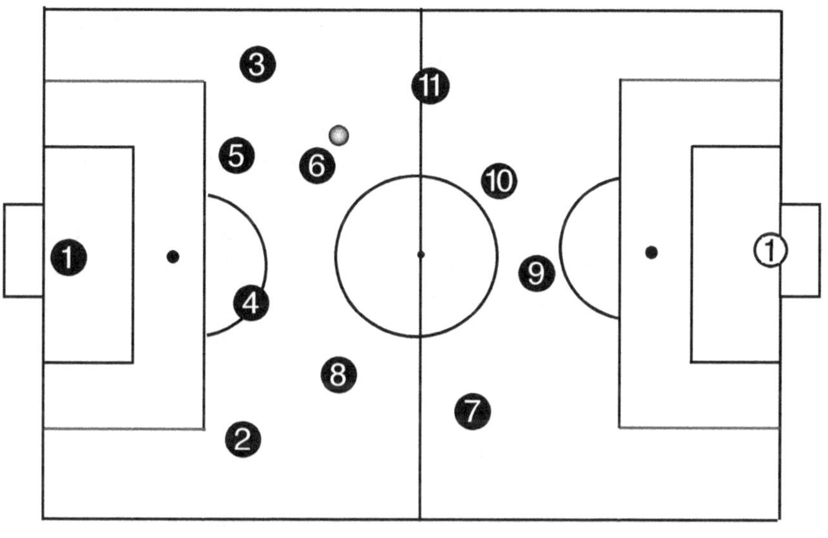

Propuesta para el ejercicio 20

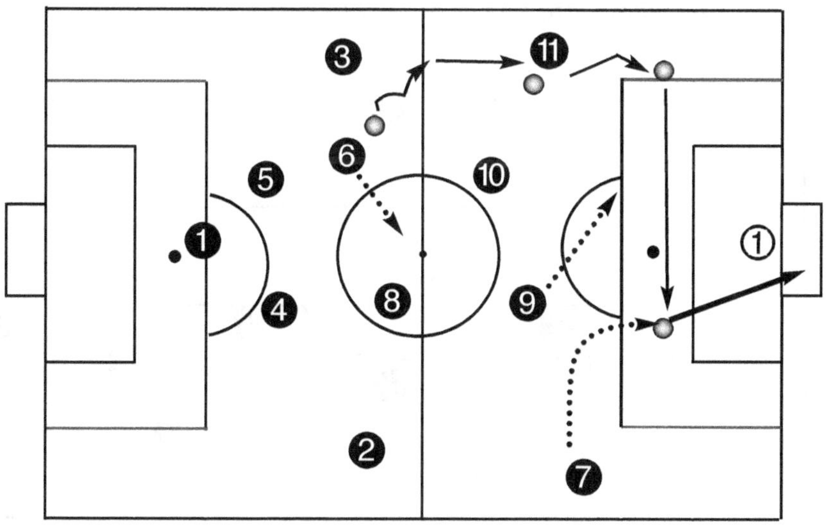

3. Precauciones que conviene tomar en las acciones ofensivas de los centrocampistas defensivos

Pueden citarse:

a) Sus incursiones atacantes hacia la portería adversaria debe realizarlas cuando la situación sea muy favorable y de manera esporádica.

b) Debe procurar de no jugar nunca el balón en horizontal cuando haya contrarios cerca del jugador que vaya a recibir.

c) En los saques de banda favorables en el medio del campo, es importante su participación en la creación de espacios lires a su espalda para que lo aproveche el compañero mejor situado.

Ejercicio 21.

Saque de banda a nuestro favor, en medio campo.

El defensa lateral izquierdo 3 hace el saque. El centrocampista defensivo 6, se ofrece en dirección al saque para provocar espacio libre en beneficio de su compañero 8.

▶ Representa la jugada, mediante flechas que indiquen los movimientos de jugadores y balón.

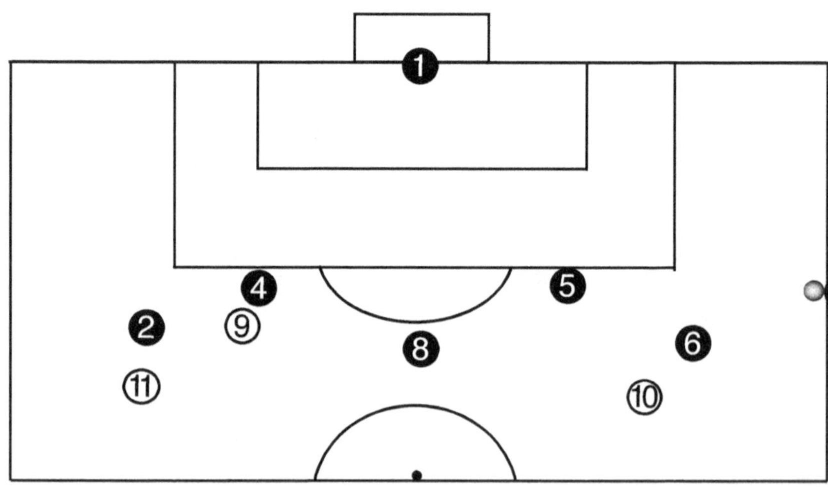

Propuesta para ejercicio 21

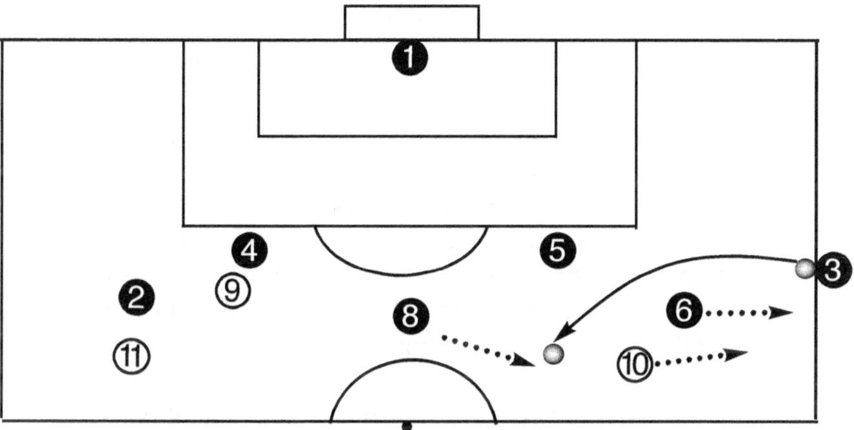

4. Acciones técnicas en ataques y contraataques

Para las acciones que los centrocampistas defensivos realicen en ataques y contraataques, deben dominar en el aspecto técnico lo siguiente: Controles orientados, pase largo y medio en profundidad y diagonal. Dichos pases deben ser altos y medio altos, pues siempre tendrán que salvar obstáculos en su recorrido. Deben dominar el cabeceo para interceptar los balones aéreos procedentes de pases largos y de los envíos de volea de los porteros. Para cuando se encuentre en el frontal del área o zona próxima, debe tener potencia de tiro.

5. Colaboraciones en acciones ofensivas

Algunas colaboraciones ofensivas que pueden realizar los centrocampistas defensivos: Cuando el centrocampista defensivo reciba el balón desde los laterales, debe de hacer preferentemente un cambio de orientación, ya que se supone que el equipo adversario ha volcado hacia dicho lateral más jugadores.

También, si los compañeros de la defensa tienen tapadas las salidas deberá desmarcarse para recibir el balón del guardameta e iniciar un contraataque

Ejercicio 22.

Nuestro portero bloca balón y saca con la mano a su defensa lateral izquierdo 3, que se ha situado abierto a banda.

Intenta avanzar, pero tiene tapada la salida por su pasillo. El centrocampista defensivo 6, le ofrece una posición alternativa, con línea de pase favorable. Cuando llega el balón al centrocampista 6, realiza con rapidez un cambio de orientación a nuestro centrocampista de banda derecha 7, que se desmarca sobre la zona 2, frontal derecha del área contraria, para que finalice con tiro a puerta.

► Mediante flechas representa los movimientos de los jugadores, la trayectoria del cambio de orientación realizado y la finalización con tiro a puerta.

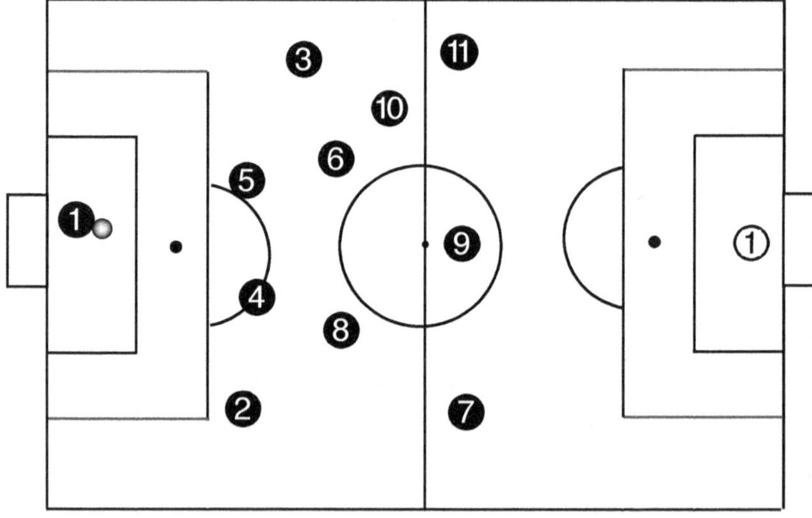

Propuesta para ejercicio 22

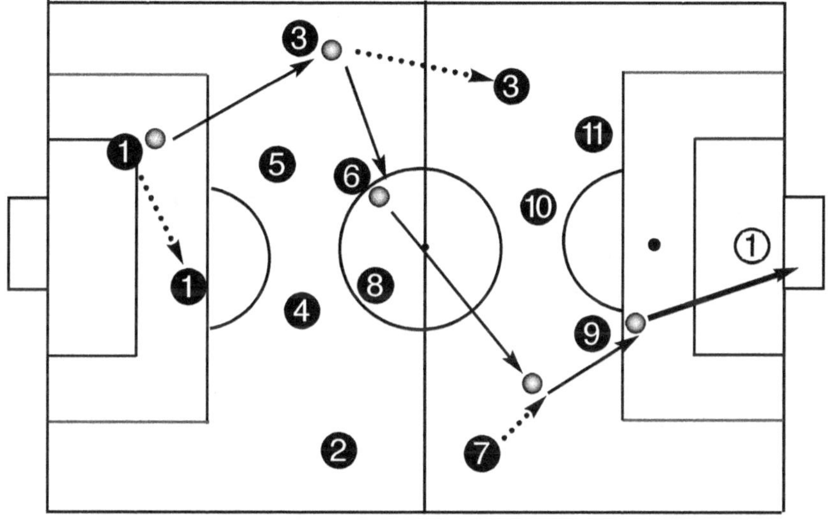

V. FUNCIONES BÁSICAS DEL CENTROCAMPISTA DE BANDA

El fútbol moderno está basado en el contraataque, y los balones "robados" en la zona de medio campo son los que mas peligro representan para el equipo que los padece. Las estadísticas nos muestran que la mayoría de los goles nacen de un balón recuperado en la línea media.

Los centrocampistas deben ser buenos finalizadores, mediante entradas desde atrás, rápidas y sorpresivas.

1. La importancia de la zona central del campo

La zona de medio campo, tiene gran importancia en la iniciativa del juego, ya que es donde mas balones pasan que no son de "nadie": balones rebotados, desvíos, pases mal dados, despejes... Dichos balones deben ser de "alguien"; serán del equipo que tenga los jugadores mas listos, agresivos y que mas vivan el partido. Los que se apoderen de estos balones llevarán la iniciativa del juego en muchas más ocasiones que sus contrarios.

Como ejemplo, una ocasión muy favorable para apoderarse del balón es cuando el portero adversario realiza un envío de volea. Se debe tener en cuenta que el balón lo recibe el centrocampista de cara a la portería adversaria, todo lo contrario que los rivales que están de espalda a la portería que atacan.

Ejercicio 23.

Nuestro centrocampista de banda 7 se apodera de un balón que conducía en ataque el defensa lateral izquierdo del equipo adversario.

Conduce brevemente y aprovechando el desmarque de ruptura en diagonal de su compañero 9, le envía el balón a su espacio, para que finalice la jugada.

▶ Representa con flechas los movimientos de jugadores y balón en esta acción ofensiva.

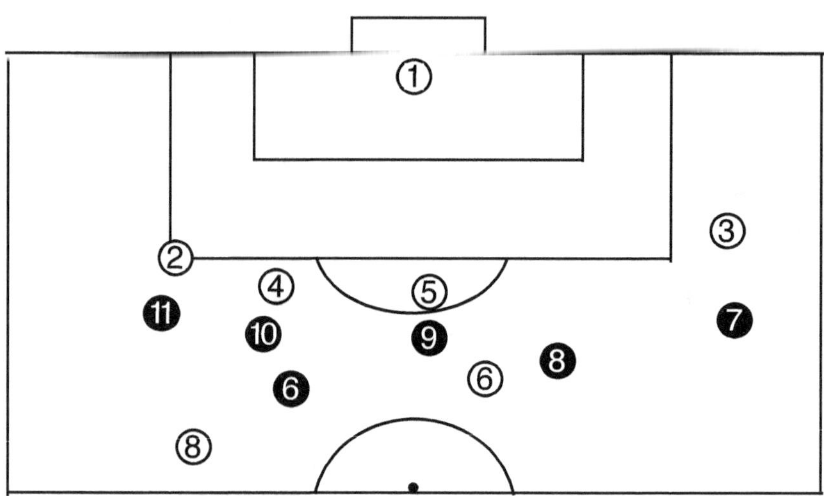

Propuesta de ejercicio 23

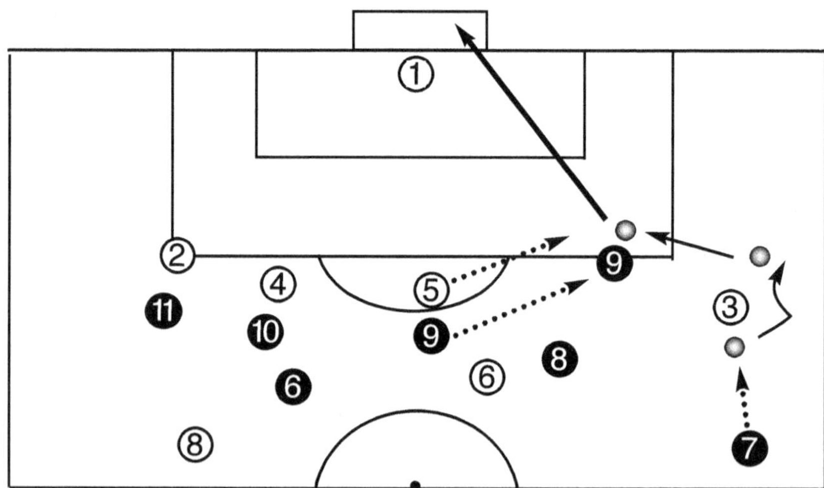

2. La doble función defensiva/ofensiva de los centrocampistas

En los jugadores de medio del campo, la doble función defensiva y ofensiva está mas remarcada que en el resto del equipo.

Es muy importante la función defensiva de los centrocampistas. La podemos analizar bajo dos puntos de vistas:

a) Destruir las ofensivas adversarias y por lo tanto quitarles la iniciativa.

b) Apoderarse del balón para tener la iniciativa su equipo.

El equipo poseedor del balón es el dueño del juego. El conjunto que mas tiempo tenga el balón en su poder más posibilidades tiene de hacer gol.

Ejercicio 24.

Teniendo en cuenta que la doble función defensiva y ofensiva, esta más remarcada en los centrocampistas, dibuja una jugada en la que nuestro centrocampista de banda izquierda 11, se apodera del balón que conducía el centrocampista adversario 8. Trata de profundizar, pero el adversario 2, le roba el balón. Tras perder el balón tiene que realizar una urgente acción defensiva.

▶ Representa mediante flechas los movimientos de nuestro centrocampista 11 en la referida jugada.

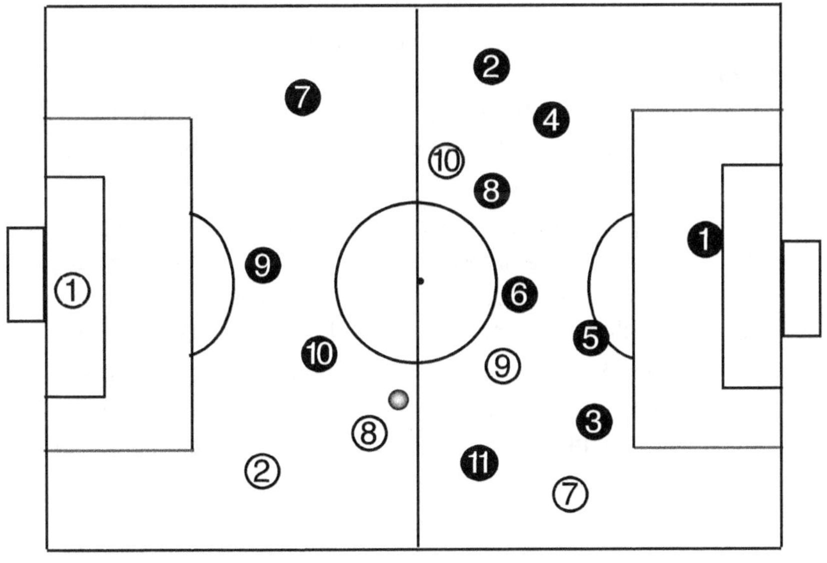

Propuesta para ejercicio 24

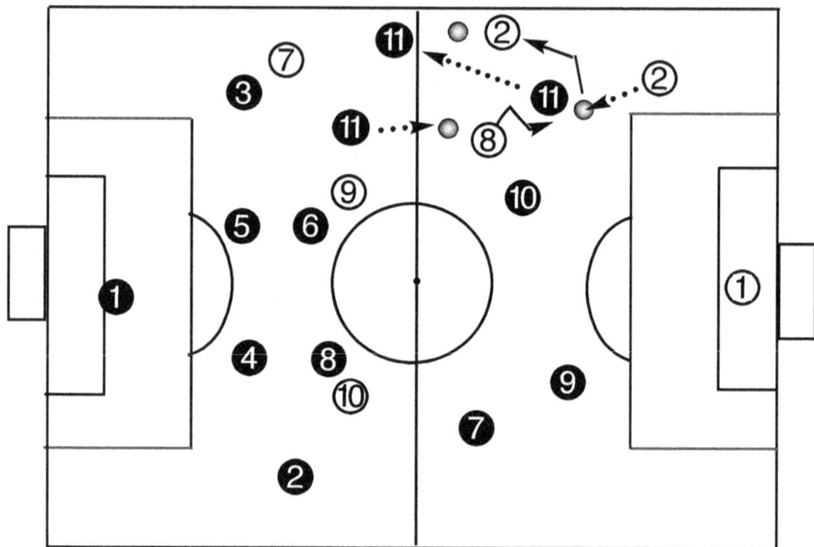

3. Participación de los centrocampistas en las acciones de pressing

Los centrocampistas participan en la acciones de pressing, bajo los siguientes criterios:

a) En el aspecto colectivo del marcaje debe hacer cobertura a los compañeros que puedan ser desbordado, sobre todo a los puntas cuando realizan pressing sobre la defensa adversaria.

b) Cuando por acción del juego se encuentre cerca de la portería rival y el contrario se haya apoderado del balón, debe de hacer pressing y temporizar con objeto de que el resto de los compañeros se replieguen e incluso uno de los puntas ocupe su sitio..

c) Cuando el balón lo pierda su equipo cerca del banderín de córner, debe colaborar con los puntas en el pressing al jugador adversario, ya que en dicha zona tiene poco espacio para jugar, lo que facilita la pérdida de balón.

Ejercicio 25.

Al finalizar un ataque nuestro, el portero contrario saca con la mano a su lateral izquierdo, a la zona 1, entre la línea de banda y el lateral del área de penalty.

Por la acción de nuestra jugada anterior, nuestro centrocampista 7, se encuentra cerca del poseedor del balón. 7 debe realizar pressing y temporizar, para dar margen para el repliegue colectivo. Nuestro centrocampista 8, hará cobertura sobre la posición, que 7 dejó libre y en la que está posicionado el jugador adversario 11.

▶ Representa la jugada completa, mediante flechas que reflejen todos los movimientos.

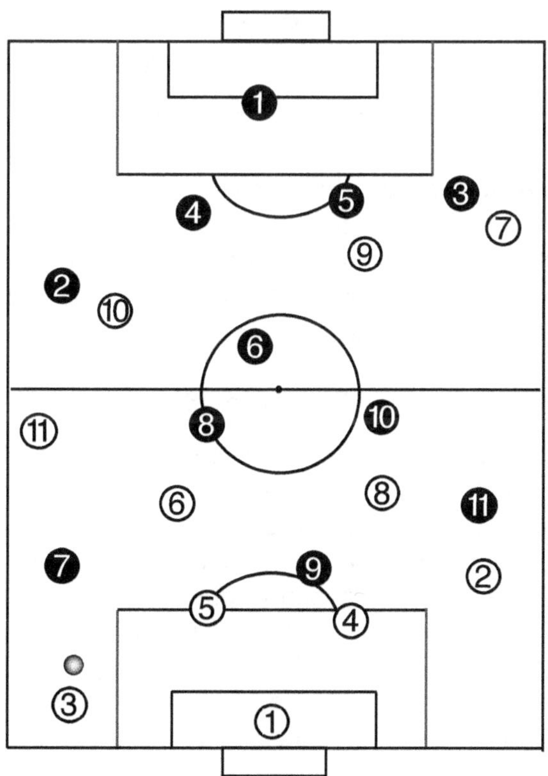

Propuesta para ejercicio 25

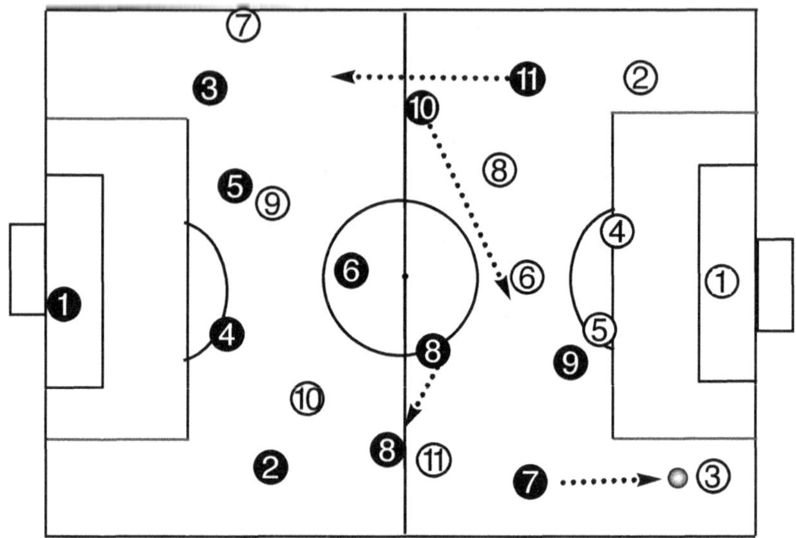

4. El centrocampista de banda y su participación en ataque

En la transición de defensa a ataque es primordial la participación de los centrocampistas de banda y la deben realizar con velocidad y precisión, en amplitud y en profundidad, creando, ocupando y aprovechando los espacios libres.

Ejercicio 26.

Nuestro centrocampista defensivo 6, recupera un balón procedente de saque de meta del equipo adversario y lo pasa a nuestro centrocampista ofensivo 10.

Los centrocampistas de banda derecha 7 y el de banda izquierda 11, que estaban favoreciendo la amplitud de nuestro juego ofensivo en zonas cercanas a sus respectivas líneas de banda, realizan desmarques de ruptura en diagonal hacia los vértices del área contraria. El delantero 9, hace desmarque en lateral, intentando crear espacio libre a favor de 7. Nuestro jugador 10 hace pase al desmarque de 7 para que este finalice con tiro a puerta.

▶ Representa la jugada completa indicando con flechas todos los movimientos de jugadores y balón.

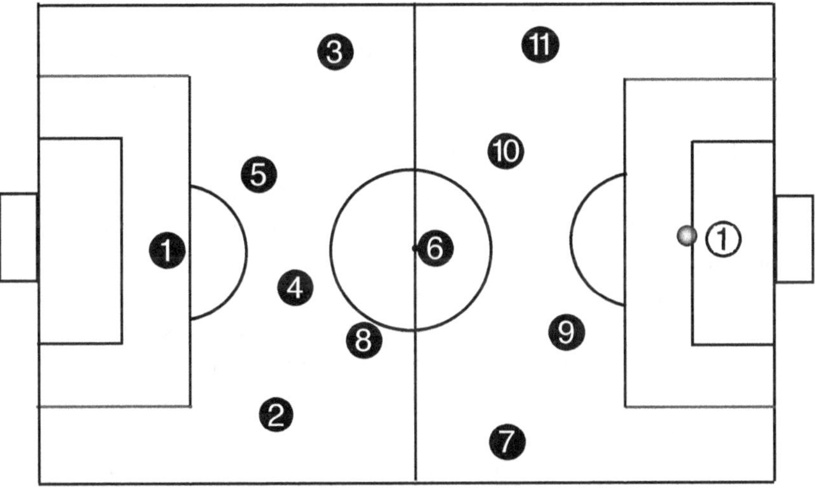

Propuesta para el ejercicio 26

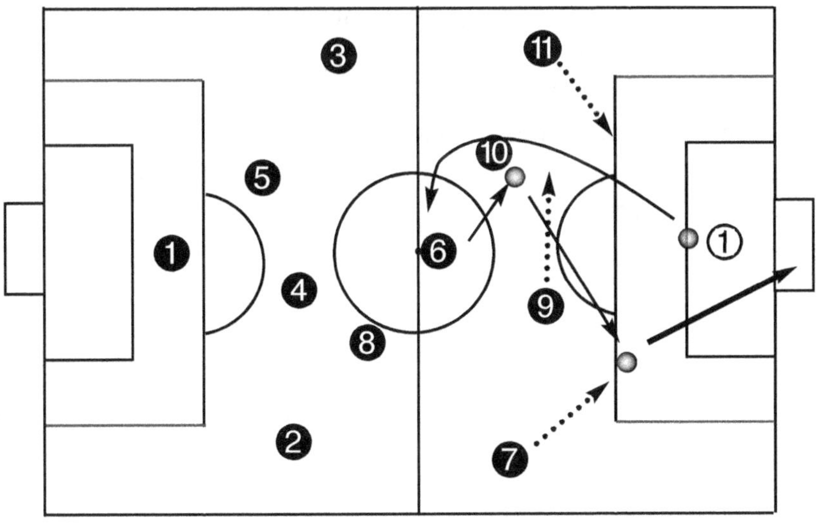

5. El centrocampista de banda en la transición de defensa a ataque

El centrocampista de banda en cuanto a desmarques y espacios libres, dentro de la transición de defensa a ataque: El centrocampista de banda, en cuanto su equipo se apodere del balón en zona defensiva, o un compañero lleve el balón en zona de medio campo, buscará espacios libres en su propia banda para facilitar el contraataque. Es importante que juegue abierto para dar amplitud al juego de su equipo.

Debe jugar desde el puesto y no en el puesto, es decir, moviéndose por su zona de influencia y hacia zonas descuidadas por los adversarios. Prodigará los desmarques de ruptura en recta y en diagonal. En diagonal creará mas problemas al adversario, al que coge de espalda y muchas veces, nadie se responsabiliza de estos marcajes, ocasionando posibilidad de culminar con tiros a media o larga distancia.

Las acciones con las que participará el centrocampista de banda en el desarrollo de una jugada derivada de una transición de defensa a ataque, son las siguientes:

a) Ocupará los espacios libres creados por los puntas, tanto en banda como en el interior.

b) Se desmarcará siempre, facilitando mas opciones al compañero poseedor del balón y mejor aún, si lo hace en el momento oportuno y de acuerdo con las posibilidades de la jugada.

c) Desde su posición prodigará los pases en profundidad y los cambios de orientación en los contraataques.

d) Creará espacios libres para la entrada del defensa lateral de su banda u otro compañero.

Ejercicio 27.

El balón está en poder de nuestro centrocampista defensivo 6 y en el círculo central. Los centrocampistas de banda 7 y 11, apoyan la jugada en amplitud, pegados a sus líneas de banda.

Nuestro jugador 7 hace desmarque de ruptura en línea recta, en profundidad, y 11 hace desmarque de ruptura en diagonal hacia el vértice del área. 9 y 10 que están situados en punta, hacen movimientos para favorecer la creación de espacios y que 11 finalice con tiro a puerta, al recibir el pase que le hará su compañero 6.

▶ Representa la jugada completa indicando con flechas todos los movimientos de jugadores y balón.

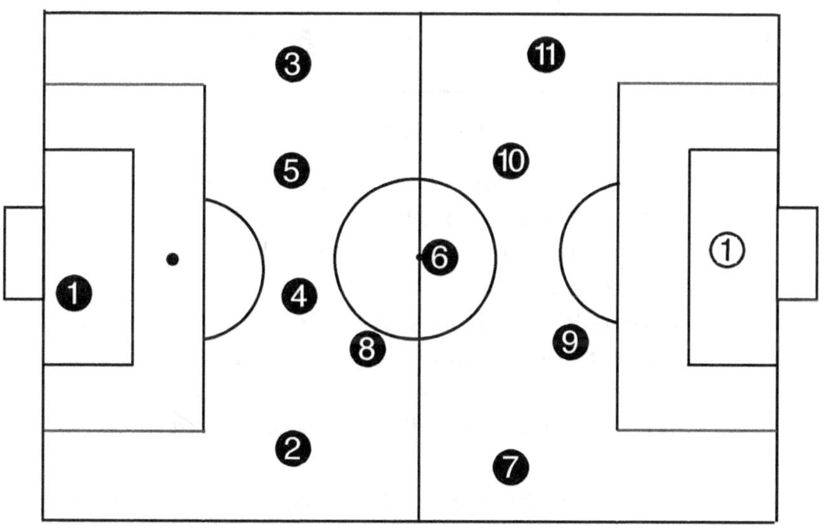

Propuesta para ejercicio 27

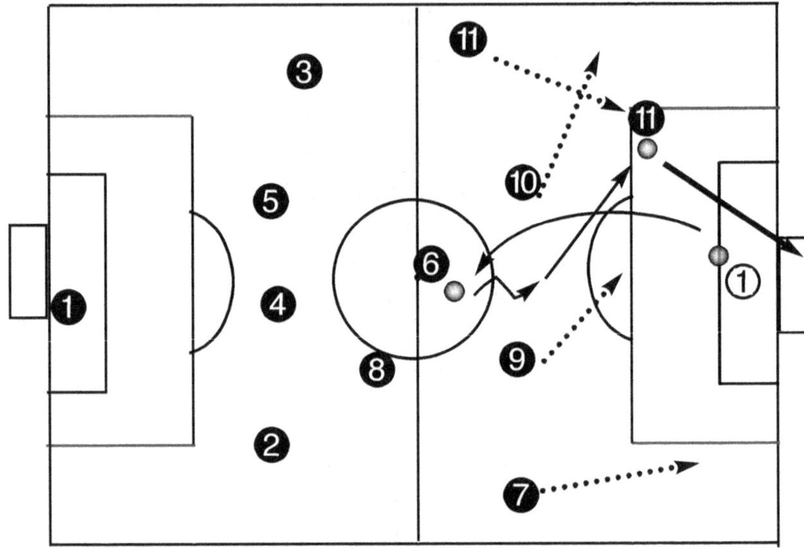

Ejercicio 28.

Nuestro centrocampista de banda derecha 7 da amplitud a nuestro juego, situándose cerca de su línea de banda. En la banda izquierda, 11 hace la misma colaboración ofensiva.

En el círculo central nuestro centrocampista 8, corta el avance contrario, apoderándose del balón, pasándolo a su compañero 7. 10 y 11 hacen movimientos favorables intentando crear espacios libres. 9 realiza desmarque de ruptura.

En el momento conveniente, 7 hace pase en profundidad a la posición ganada por 9 que ha realizado desmarque de ruptura a zona 2–frontal derecho de área de penalty, para intentar finalizar con tiro a puerta.

▶ Representa la jugada completa indicando con flechas todos los movimientos de jugadores y balón.

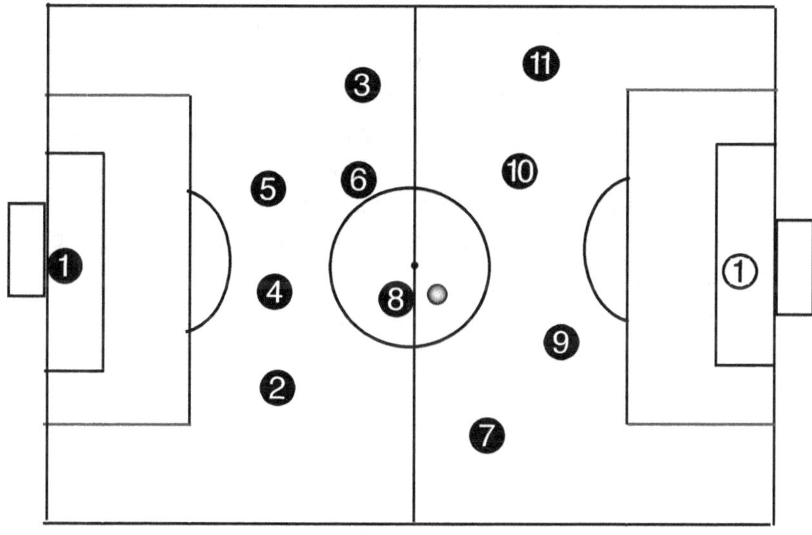

Propuesta para ejercicio 28

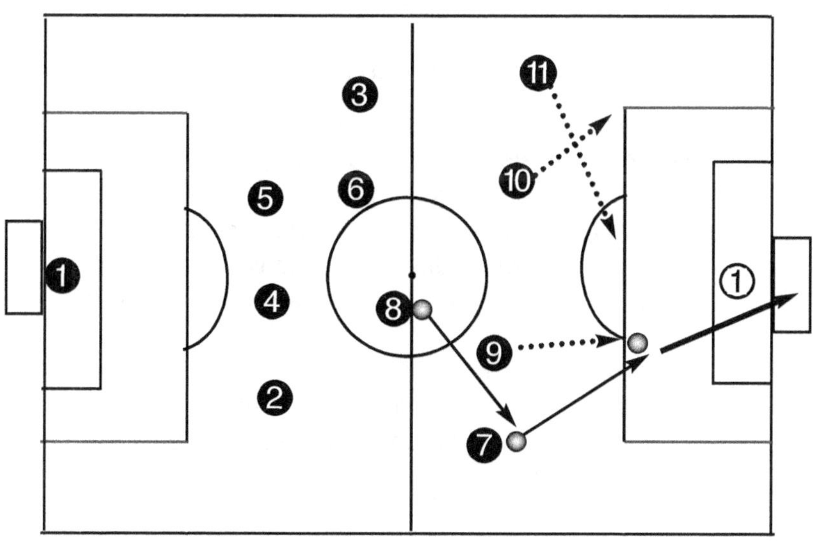

6. En las jugadas de finalización sobre la portería contraria

Las acciones con las que participará el centrocampista de banda en la finalización de una jugada sobre la portería contraria, derivada de una transición de defensa a ataque, son las siguientes:

a) Cuando entre con el balón controlado y en profundidad, centrará a portería, sin recorte o regate previo, antes de que mejore la situación defensiva del contrario, que estará de espalda a su portería y con nuestros atacantes de cara al gol, con posibilidades de remate.

b) En los remates de cabeza o pie a balones procedentes de la banda opuesta, hay que rematar al palo de procedencia, preferentemente.

c) Cuando entre con balón en su poder hasta el frontal del área, debe finalizar la jugada aunque las garantías de éxito no sean totales, lo cual es preferible a regates o pases horizontales que pueden propiciar un contraataque en desventaja.

d) Cuando un compañero se acerque a la portería contraria, con el balón controlado y cerca de su zona, le apoyará por detrás, para recibir el balón si el resto de los compañeros están marcados, pudiendo así, dar nueva orientación a nuestra jugada de finalización.

Ejercicio 29.

Dentro de un ataque nuestro, el centrocampista defensivo 6, posee el balón ya dentro del campo contrario.

Participan en la acción ofensiva: 7 a la derecha y 11 a la izquierda, además de 9 y 10, por delante. 9 hace desmarque de ruptura en diagonal hacia vértice izquierdo del área. 10 atrae marcaje hacia zona 3- en el frontal del área.

En la finalización de la jugada, 6 centra para que 7, que se ha posicionado en el área, remate a gol.

▶ Representa la jugada completa indicando con flechas todos los movimientos de jugadores y balón.

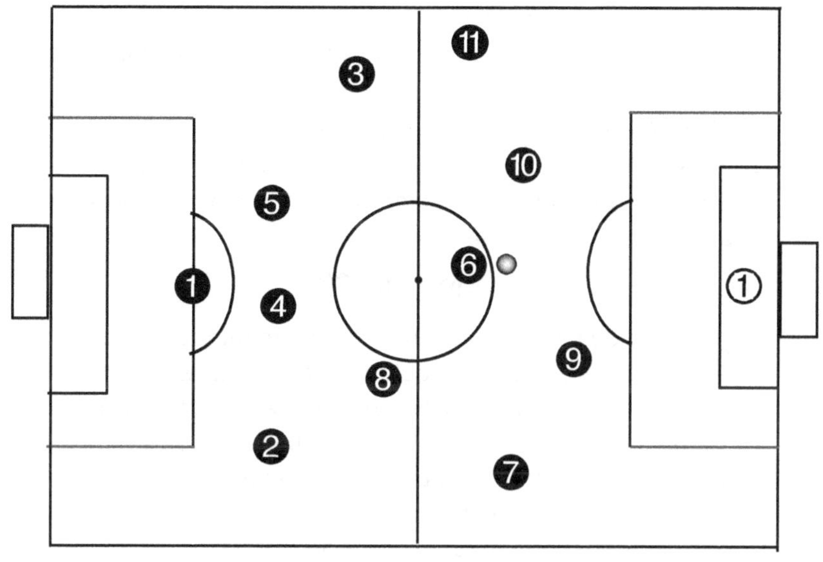

Propuesta para ejercicio 29

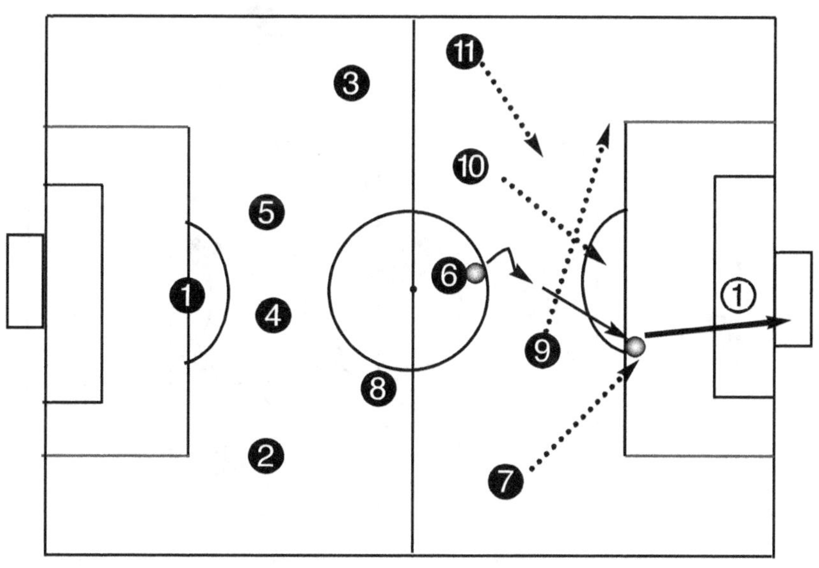

7. En los saques de banda

Cuando un compañero realice un saque de banda, el centro campista de esa banda procurará:

a) Desmarcarse antes que se organice el rival.

b) Moverse continuamente, creando y ocupando espacios.

c) Si se apodera del balón, hacer rápido cambio de orientación a zona menos poblada.

Ejercicio 30.

Saque de banda a nuestro favor, en medio campo contrario, banda izquierda. El defensa lateral 3 hace el saque.

El centrocampista ofensivo 10, se ofrece en dirección al saque para provocar espacio libre en beneficio de su compañero centrocampista de banda izquierda 11 que hace control orientado y centra en trayectoria tensa sobre el área pequeña, para que haya opciones de remate a sus compañeros 7, 8 y 9, que están posicionados para ello.

▶ Representa la jugada completa indicando con flechas todos los movimientos de jugadores y balón.

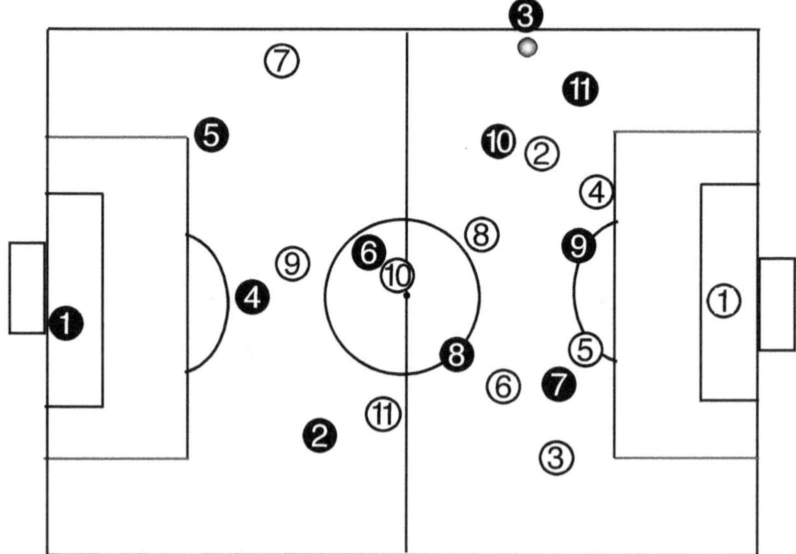

Propuesta para ejercicio 30

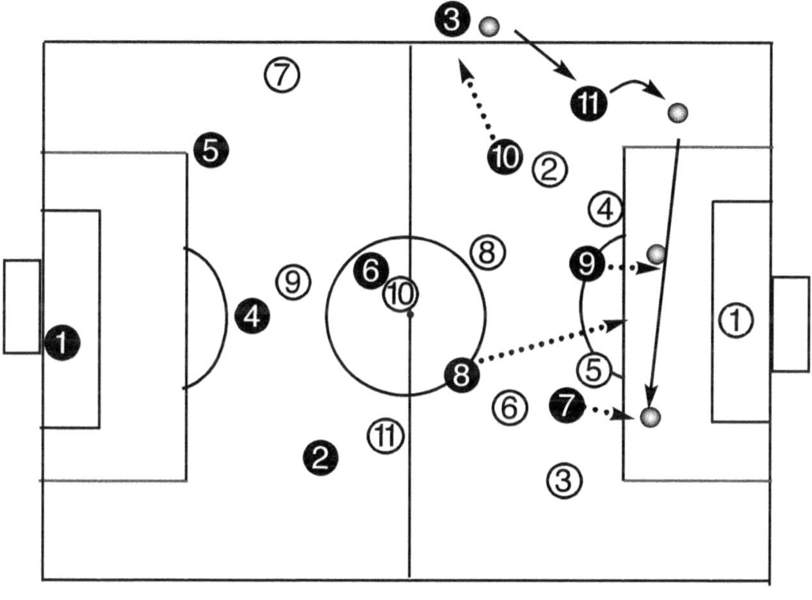

VI. FUNCIONES BÁSICAS DE CENTROCAMPISTA ORGANIZADOR

El centrocampista organizador se moverá preferentemente por delante de los centrocampistas laterales y del centro. Sus desplazamientos serán tanto en amplitud como en profundidad por lo que irá de una banda a otra y se acercará con frecuencia a la portería adversaria.

Sus "robos" de balón son de suma importancia para realizar un contraataque con muchas posibilidades de gol.

La transición de defensa-ataque y viceversa es primordial en el trabajo de esta demarcación.

1. El centro campista organizador, en defensa

Las principales funciones del centrocampista organizador, en defensa, son las siguientes:

a) En el orden defensivo debe acudir en apoyo y cobertura de los puntas cuando estos realicen pressing sobre los defensas adversarios.

b) En los repliegues debe de moverse de una banda a otra en función del balón y tapando los espacios por donde puedan entrar los adversarios.

c) Cuando sea el hombre mas adelantado en un ataque y se produzca una pérdida de balón debe realizar pressing sobre el poseedor adversario.

d) Otras veces debe temporizar la entrada para esperar la co bertura de un compañero y que el resto del equipo realice el repliegue más conveniente.

Ejercicio 31.

Al finalizar un ataque nuestro, el portero contrario saca con la mano a su lateral derecho, a la zona entre la línea de banda y el lateral del área de penalty.

Nuestros jugadores mas adelantados en nuestro avance anterior son 9 y 11 que pasan a realizar pressing, para intentar recuperar el balón o dar margen para el repliegue a sus compañeros. El centrocampista ofensivo 10, hará cobertura a 9.

▶ Representa la jugada completa indicando con flechas todos los movimientos de jugadores y balón.

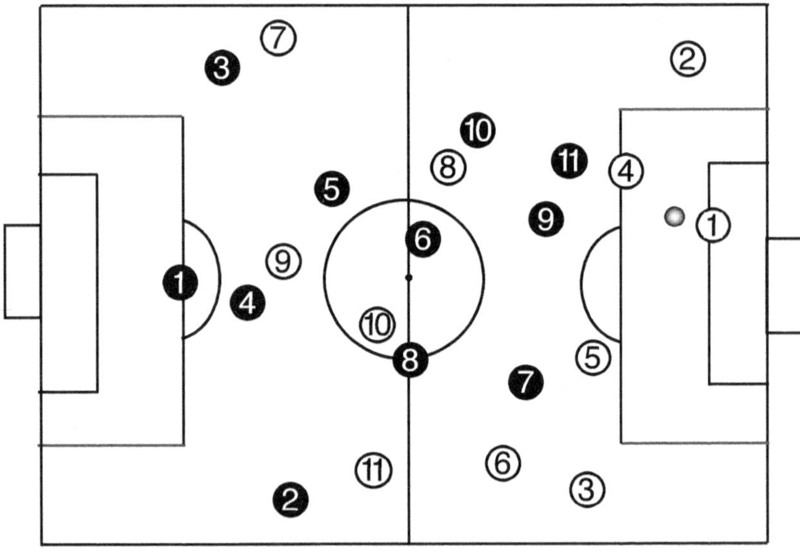

Propuesta para ejercicio 31

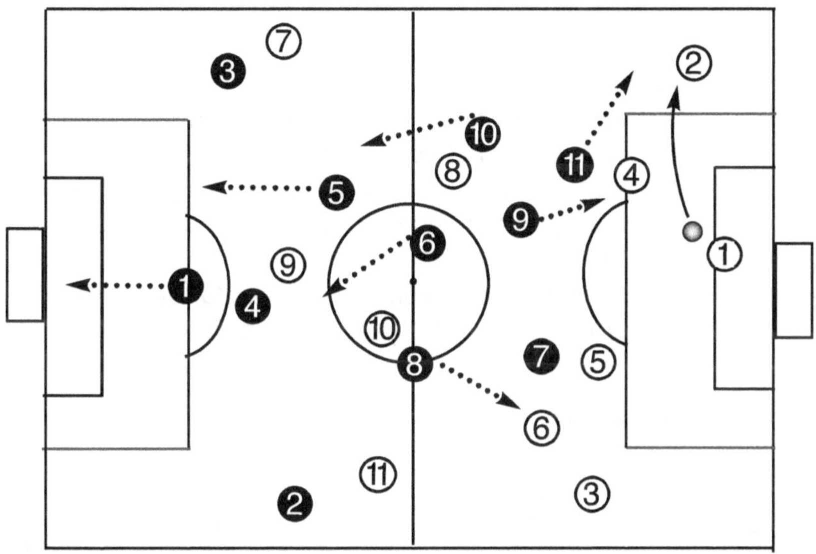

2. Jugadas a balón parado, cercanas a nuestra portería

En las jugadas a balón parado cercanas a nuestra portería, el centrocampista organizador, debe bajar a realizar tareas defensivas:

a) Marcando a su par correspondiente.

b) Colocándose a 9,15 del lanzador del córner.

Con esto se consigue:

Retrasar el lanzamiento y por lo tanto fijar mejor los marcajes.

Obligar a elevar más el balón al adversario por lo quela trayectoria del balón ayuda al despeje.

Dificultar el saque del córner en corto

c) Formar parte de la barrera.

d) Cubrir un poste si fuera necesario.

En las tareas anteriores aportará su iniciativa, pero ateniéndose a los criterios básicos indicados por el entrenador para este tipo de jugadas.

Ejercicio 32.

Un contraataque nuestro ha finalizado con tiro que ha blocado el portero adversario, que saca en corto sobre su lateral izquierdo.

Nuestro centrocampista ofensivo 10, que se había quedado como jugador más adelantado, hace pressing sobre dicho lateral, dando tiempo a sus compañeros para organizar el repliegue. Partiendo de la posición de los jugadores en el gráfico.

▶ Representa la jugada completa indicando con flechas todos los movimientos de jugadores y balón.

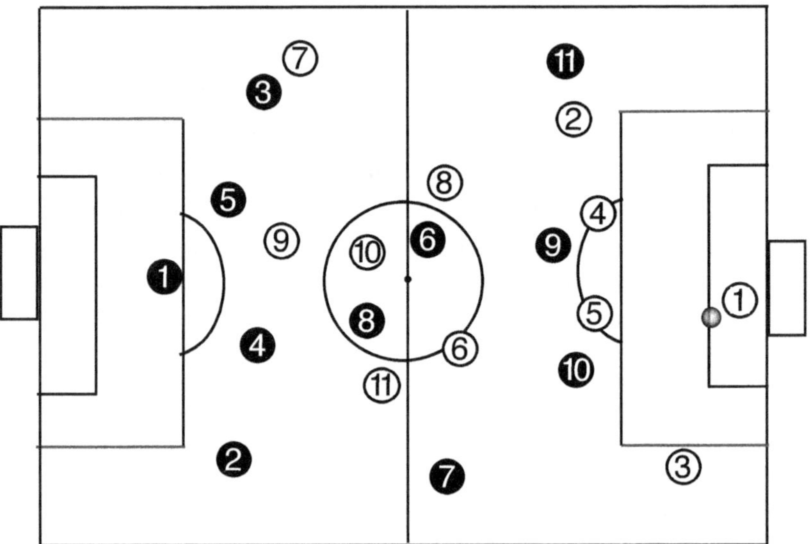

Propuesta para ejercicio 32

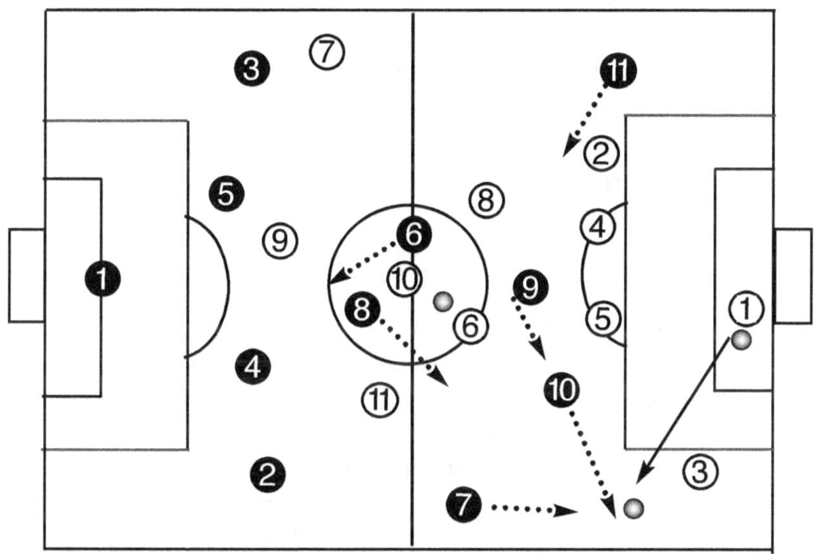

3. El centrocampista organizador y su participación en ataque

Por sus características técnicas. y madurez táctica, debe ser un hombre clave en los ataques y contraataques contra la portería rival. Unas veces le imprimirá velocidad al juego y otras, en función del resultado, temporizará el balón para mantener su posesión.

Debe de reunir buenas cualidades técnicas, sobresaliendo en el pase, ya que de sus botas saldrán balones a los espacios libres o al pie del compañero mejor situado. Debe tener buen regate y seguridad en la conducción para desbordar a los adversarios y situarse en superioridad numérica o con posibilidades de finalizar con tiro a puerta. Otras veces el regate o la conducción debe ser un recurso para esperar el desmarque de un compañero.

Los compañeros con menos recursos técnicos deben buscar su posición y pasarles el balón en cuanto lo reciban. El debe acudir en ayuda del compañero que se vea en situación apurada y con el balón en los pies. Debe erigirse en el hombre de "socorro" del equipo, a quien todos buscan para aclarar situaciones.

Cuando el balón esté en posesión de su equipo, el centrocampista organizador, desde su posición de partida, irá a una y otra banda en busca del balón:

a) Cuando lo tiene uno de los centrales.

b) Cuando lo tiene un lateral que ve tapada su salida.

c) En los saques de banda debe acercarse al compañero que lo ejecuta.

d) En las faltas laterales.

Ejercicio 33

Nuestro lateral derecho 2, recibe el saque de su portero y cruza la línea divisoria central con el balón y en su pasillo natural. 7, 9 y 11, hacen movimientos en zona cercana al área contraria para crear espacios libres. Detrás de ellos 10 y 8, colaboran en la acción ofensiva. En el momento mas conveniente, 2 envía el balón al espacio libre creado por los movimientos de 9 y 7, y 10 va a recibirlo para intentar finalizar con tiro a puerta.

▶ Representa la jugada completa indicando con flechas todos los movimientos de jugadores y balón.

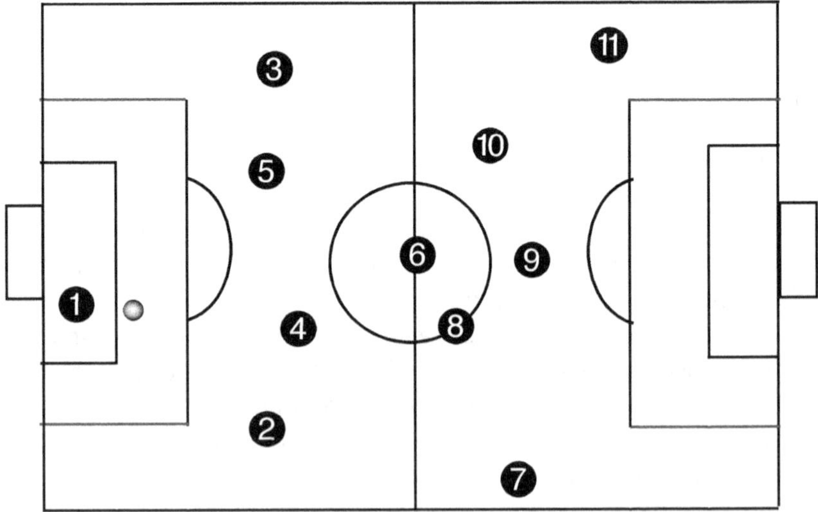

Propuesta para ejercicio 33

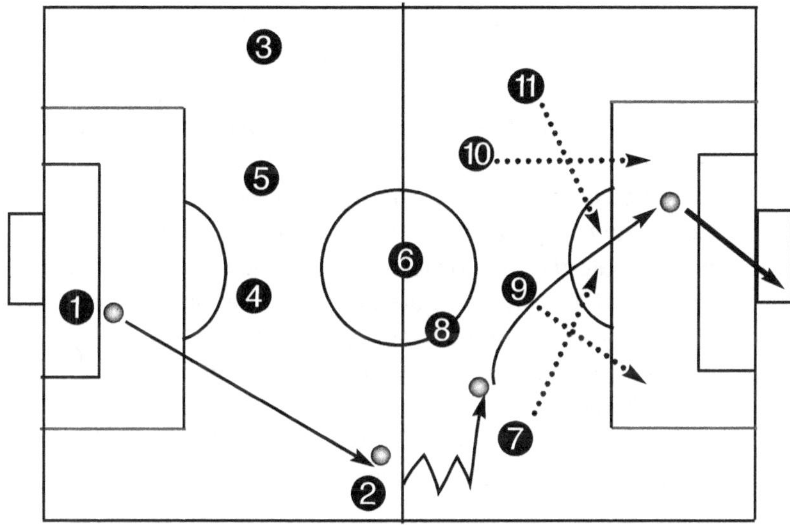

4. Acciones frecuentes del centrocampista organizador

Cómo acciones frecuentes del centrocampista organizador y forma de realizarlas, se pueden citar las siguientes:

- **a**) Por sus condiciones técnicas, suele ser el encargado de ejecutar las faltas cercanas a la portería adversaria.
- **b**) Debe de prodigar los cambios de orientación, lanzando balones a los espacios libres dejados por los puntas y que pueden ser ocupados por los laterales o centrocampistas de ala.
- **c**) En las entradas por el frontal del área con balón controlado debe prodigar las paredes con los puntas.
- **d**) Debe dominar el tiro a la media distancia, sobre todo a la salida del regate, tras una pared, después de una conducción o seguido de un control orientado.
- **e**) En los desmarques de ruptura debe buscar, preferentemente, los espacios libres dejados por los puntas.
- **f**) En sus desmarques de apoyo cerca del área adversaria debe de buscar la pared con el compañero que lleva el balón.

Ejercicio 34.

En el círculo central, nuestro centrocampista ofensivo 10, corta el avance contrario y se apodera del balón.

Nuestros centrocampistas 7 y 11, provocan espacios libres en sus respectivas bandas, que son ocupados por sus defensas laterales 2 y 3. El delantero 9 se mantiene en punta por el centro. En el momento conveniente para la eficacia de la jugada, 10 hace un cambio de orientación a zona 1 izquierda- pasillo lateral del área de penalty, donde nuestro defensa lateral izquierdo 3, se ha situado con ventaja posicional y que centrará sobre el punto de penalty para las opciones de finalización de sus compañeros en punta de ataque.

▶ Representa la jugada completa indicando con flechas todos los movimientos de jugadores y balón.

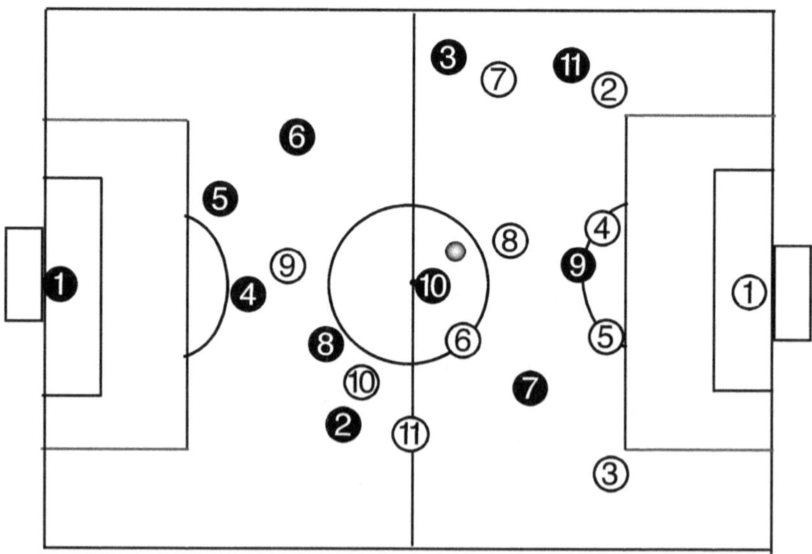

Propuesta para ejercicio 34

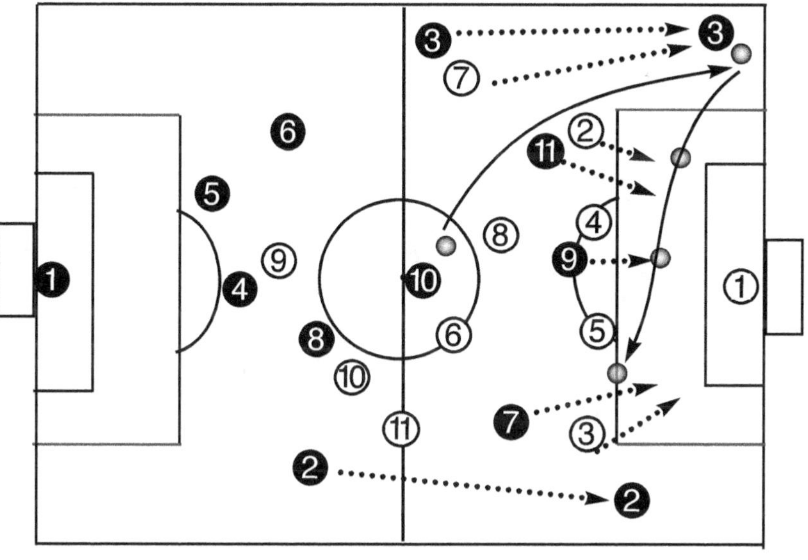

VII. FUNCIONES BÁSICAS DEL DELANTERO

1. Funciones tácticas del delantero

Un punta debe de poseer un gran bagaje que le permita poner de manifiesto al máximo, sus cualidades técnicas.

Para rematar, regatear, conducir, etc., debe saber situarse, estar en el sitio donde es mas eficaz la acción técnica pertinente. Esto se lo permite su capacidad táctica.

Desmarcarse en el momento oportuno, hacia el espacio conveniente y a la velocidad y posibilidades del compañero que lleva el balón, exige una gran madurez y capacidad de concentración.

Debe saber "ver" los espacios libres cerca de la portería.

Debe intuir la trayectoria del balón en pases, centros y rebotes.

Coordinación con los compañeros para realizar oportunamente las permutas ofensivas.

Realizar movimientos para "distraer" a la defensa adversaria a beneficio de un compañero

Engañar al contrario, simulando siempre un movimiento diferente al que va a realizar en realidad.

Estudiar al rival y buscar sus puntos débiles.

En el aspecto defensivo debe:

a) Temporizar las salidas a contraataque

b) Conducir dichas salidas hacia donde nos interese.

c) Presionar en las esquinas y en el borde del área.

2. El delantero y su participación en defensa

Las acciones defensivas que realizan los delanteros como primeros defensores son las siguientes:

a) Los hombres puntas son los últimos jugadores que participan en el ataque, y también, deben de ser los primeros en las tareas defensivas. La buena actuación defensiva de un equipo, se manifiesta a través de la acción defensiva de todos sus componentes, empezando por los delanteros.

b) Cuando el portero adversario se apodera del balón, deben de abrirse a las bandas para tapar las salidas en ataque del contrario.

c) Otras veces deben de hacer pressing al portero, para retrasar un posible contraataque, sobre todo si nuestro equipo en ese momento se encuentra volcado sobre la portería rival y nos encontramos con inferioridad numérica en retaguardia.

d) En las esquinas del campo, es la mejor zona para realizar un buen pressing. Allí el contrario se encuentra limitado por las líneas de cal y con el apoyo de algún centrocampista podemos arrebatar el balón.

e) En las faltas, córners y saques de banda cerca de su portería debe bajar a marcar algún rival o a formar parte de la barrera.

f) Los balones robados por un delantero son en un gran porcentaje situaciones de gol.

Ejercicio 35.

Un ataque nuestro ha terminado con tiro a puerta que bloca el portero. En ese ataque se han volcado 5 jugadores nuestros (6, 7, 9, 10 y 11), por lo que urge recuperar nuestra capacidad defensiva.

Para ganar tiempo para el repliegue del equipo, 10 intenta que se retrase el saque del portero, el cual saca en corto sobre su defensa lateral derecho. El delantero 9 hace pressing sobre el lateral contrario poseedor del balón, tratando de recuperarlo y al mismo tiempo, favorecer el rearme defensivo de su equipo.

▶ Representa la jugada completa, incluyendo el repliegue colectivo, indicando con flechas todos los movimientos de jugadores y balón.

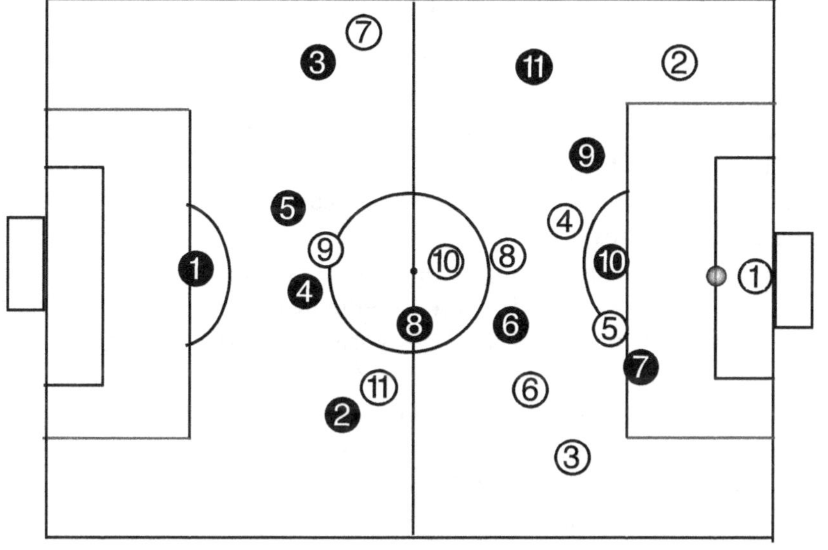

Propuesta para ejercicio 35

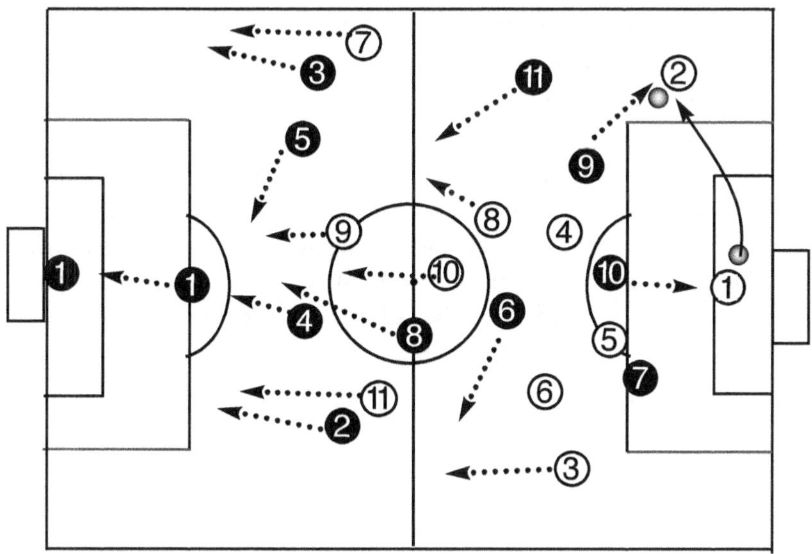

3. El delantero y su participación en ataque

Por ocupar las posiciones más adelantadas y cercanas a la portería rival deben de ser los finalizadores del juego de ataque. Su misión principal es la de rematar las jugadas iniciadas por los componentes del equipo. De igual importancia a lo anterior, es abrir camino como puntas de lanza a los compañeros que se incorporan al ataque. (Creación de espacios libres).

Las funciones del delantero, en ataque, son las siguientes:

a) Creación de espacios libres, mediante continuo movimiento con objeto de arrastrar a la defensa adversaria a espacios falsos y dejar libre otras zonas más eficaces para hacer gol.

b) Desde la línea de medio del campo debe realizar, desmarques de ruptura: preferentemente¬ en diagonal y cruzándose en forma de aspas con el otro punta u otro compañero que se esté desmarcando.

c) En la zona próxima al área, debe prodigar mas los desmarques de apoyo en sentido lateral y hacia atrás, con objeto de no caer en "fuera de juego". Los desmarques de ruptura deben ser en sentido diagonal y partiendo desde atrás del adversario.

d) Contínuas permutas ofensivas con los compañeros que se incorporen al ataque.

e) Hacer la pared con el compañero que se aproxime con el balón controlado.

f) Cuando un compañero se acerque al frontal del área con el balón controlado, debe moverse de tal manera, que arrastre a los adversarios a los laterales y facilite el tiro del compañero. También debe cuidar en no incurrir en "fuera de juego" cuando el compañero realice el tiro (Posición + influencia).

Ejercicio 36.

Procedente de saque de banda de nuestro lateral derecho 2, recibe el balón el centrocampista defensivo 6. Este pasa por delante al centrocampista 8 que progresa hacia el área contraria.

Por delante, están posicionados 9, 7, 10 y 11, que realizan movimientos para creación de espacios libres: 9 y 7 cruzan en forma de aspas. Igualmente 10 y 11.

El centrocampista 8 poseedor del balón, llega al frontal del área y mediante pared con 9, entra en el área y realiza tiro a puerta.

▶ Representa la jugada completa indicando con flechas y símbolos, todos los movimientos de jugadores y balón.

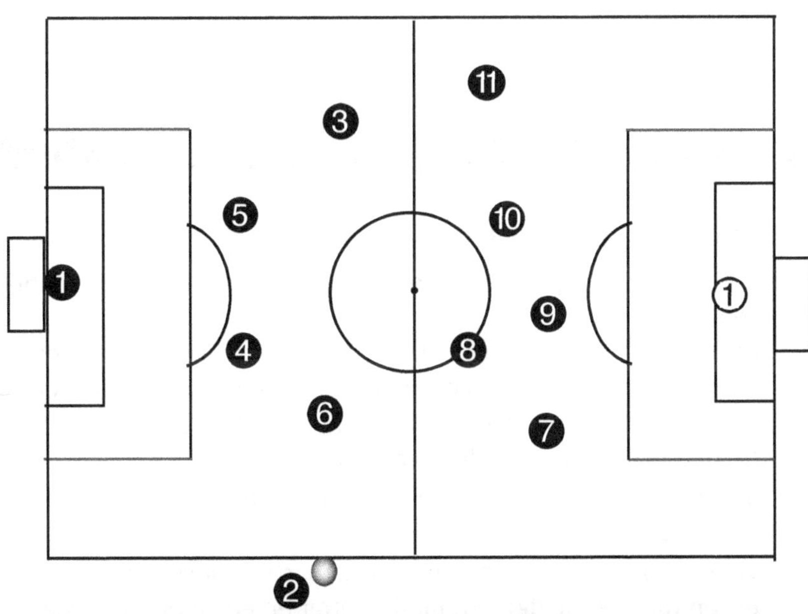

4, 5, 3 quedan posicionados de forma equilibrada como última línea de defensa

Propuesta para ejercicio 36

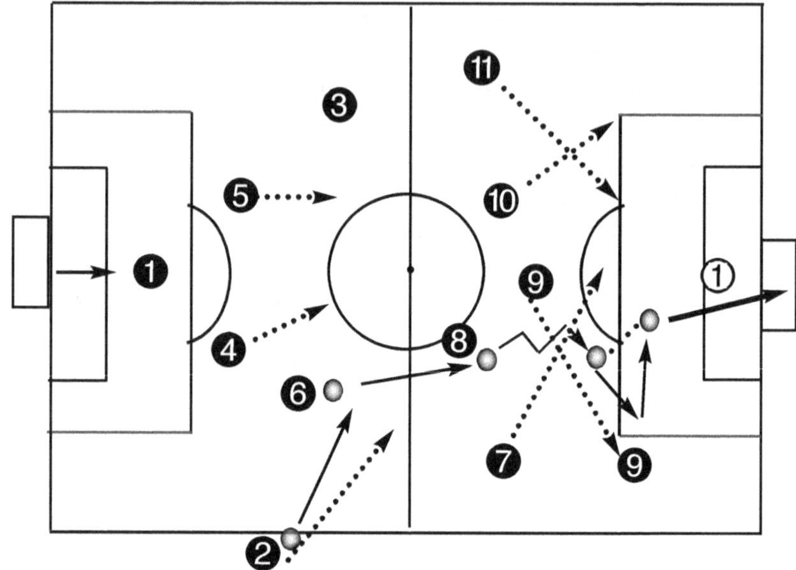

8 hace conduccón breve y pared con 9, antes de tirar.

4. Conceptos técnicos del delantero

En el aspecto técnico el delantero aplicará en su juego los siguientes conceptos:

a) Controles orientados con objeto de apoderarse de los balones que recibe de espalda a la portería. Tiros y remates en cualquier posición, ángulo de tiro y distancia. Habilidad en el regate y en la conducción. Dominio del juego aéreo.

b) Debe de intentar los regates y fintas dentro del área o en sus proximidades.

c) Cuando conduzca el balón hacia la portería adversaria y con el contrario cerca, debe tratar de entrar en el interior del área, ya que allí el adversario dudará más en la entrada.

h) En algunas ocasiones, cuando reciba el balón en clara inferioridad numérica o física, debe esperar mediante una temporización, la llegada de algún compañero en su auxilio.

Ejercicio 37

El portero contrario hace saque y nuestro centrocampista de banda 7, se apodera del balón y mediante combinación con 8 y devolución de este a banda derecha, se posiciona en situación de pase en corto al límite del área o pase en largo, sobre meta.

9 y 10 hacen desmarques mediante cruce en forma de aspas. 11 y 8 colaboran en la acción ofensiva final. 7 pasa en corto el balón a 9, que al tener marcaje encima, opta por entrar en el área con regates para intentar tiro a puerta o forzar penalty. Al mismo tiempo, para equilibrar líneas, nuestro jugador 6, adelanta su posición al círculo central y 2, 4, 5 y 3 y nuestro portero, reajustan sus posiciones.

▶ Representa la jugada completa indicando con flechas todos los movimientos de jugadores y balón.

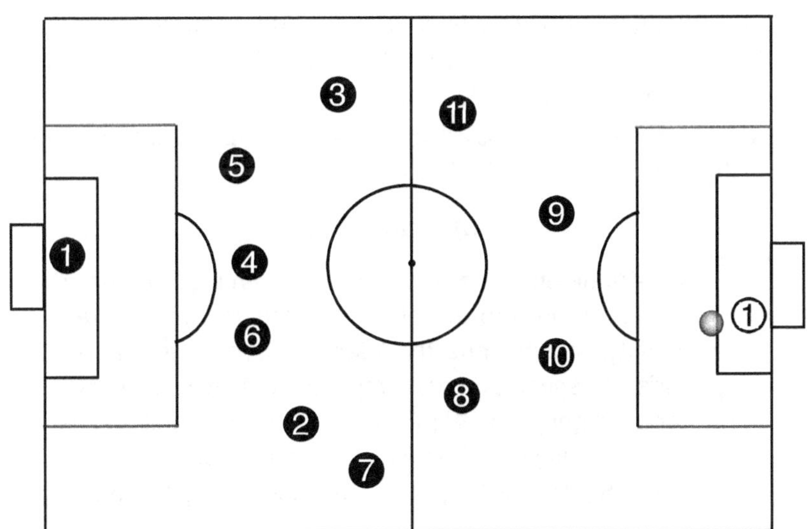

Propuesta para ejercicio 37

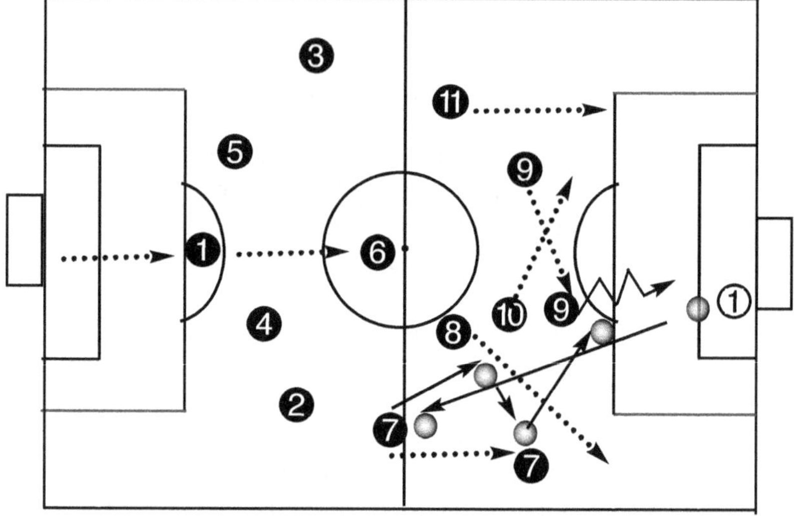

5. El juego de cabeza del delantero

En los balones altos que van al área, el delantero debe procurar:

- **a**) Rematarlo a puerta si se dan circunstancias favorables.
- **b**) Prolongar la trayectoria en beneficio de un compañero.
- **c**) Amortiguarlo hacia el frontal del área para que remate un compañero que venga de cara.
- **d**) Hacer oposición a los adversarios para que sus despejes no estén debidamente orientados.

Ejercicio 38.

Nuestro defensa lateral 2 envía balón en profundidad a 7, que desde zona próxima al corner, hace un centro al área de penalty, para que nuestro delantero 9, prolongue la trayectoria en beneficio de sus compañeros 11, 10 y 8. Remate de cabeza a gol de 10. Al mismo tiempo, para equilibrar líneas, nuestro jugador 6, adelanta su posición al círculo central y 2, 4, 5 y 3 y nuestro portero, reajustan sus posiciones.

▶ Representa la jugada completa indicando con flechas todos los movimientos de jugadores y balón.

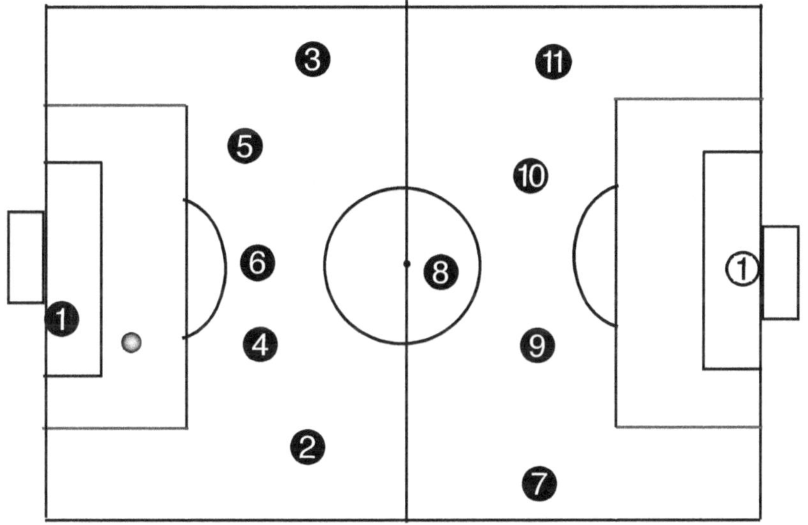

Propuesta para ejercicio 38

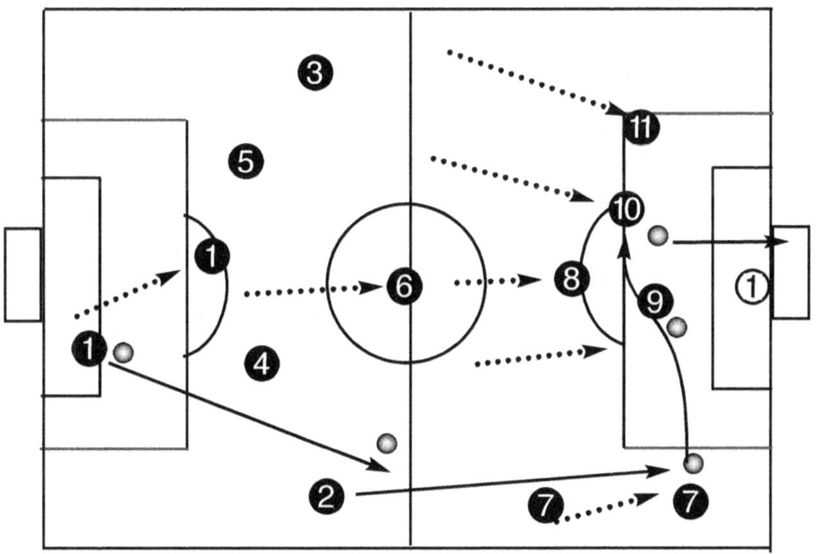

■

CONCLUSIÓN

Como dijimos en la Introducción, partimos de la base de que, a quien conoce la teoría de las distintas materias del fútbol, puede serle más fácil el practicarlo. Por ello, si a través del tiempo que el lector haya dedicado a este libro:

En el caso de futbolistas jóvenes:

- directamente o a través de la ayuda de su padre, le ha ayu dado en el proceso de enseñanza/aprendizaje que tenía programado su entrenador
- ha clarificado conceptos y principios relacionados con el juego práctico.

En otros lectores:

- ha conseguido activar o incrementar sus conocimientos en conceptos básicos de fútbol
- ha obtenido la información que buscaba sobre este deporte, en esta conclusión, reiteramos que ese era nuestro objetivo.

■

BIBLIOGRAFÍA

WANCEULEN FERRER, Antonio; WANCEULEN MORENO, Antonio y WANCEULEN MORENO, Jose F. (2008) *Bases para el proceso de selección y formación de jóvenes futbolistas para el alto rendimiento.* Sevilla, Ed. Wanceulen.

WANCEULEN FERRER, Antonio; WANCEULEN MORENO, Antonio y WANCEULEN MORENO, Jose F. *Como construir con éxito una plantilla de fútbol base en un club de élite*. Editorial Wanceulen. Sevilla, 2011.

WANCEULEN FERRER, Antonio; WANCEULEN MORENO, Antonio y WANCEULEN MORENO, Jose F. *Sistemas de juego en fútbol–7"* Editorial Wanceulen. Sevilla, 2011.

WANCEULEN FERRER, Antonio; WANCEULEN MORENO, Antonio y WANCEULEN MORENO, Jose F. *Valoración táctica del futbolista*Editorial Wanceulen. Sevilla, 2011.

BERNAL RUIZ, Javier A. WANCEULEN MORENO, Antonio y WANCEULEN MORENO, Jose F. *Organización y desarrollo de un campus de fútbol base*. Fútbol: Cuadernos Técnicos n.º 34 Ed. Wanceulen. Sevilla, 1997.

WANCEULEN FERRER, Antonio; VALENZUELA LOZANO, Miguel; WANCEULEN MORENO, Antonio y WANCEULEN MORENO, Jose F. *Fútbol formativo: aspectos metodológicos* Editorial Wanceulen. Sevilla, 2011.

WANCEULEN FERRER, Antonio; VALENZUELA LOZANO, Miguel; WANCEULEN MORENO, Antonio y WANCEULEN MORENO, Jose F. *Organización del fútbol formativo: en un club de élite* Editorial Wanceulen. Sevilla, 2011.

WANCEULEN FERRER, Antonio *El Fútbol como medio educativo: sus posibilidades en el desarrollo de los valores humanos*. Fútbol: Cuadernos Técnicos n.º 13. Wanceulen Editorial Deportiva. Sevilla, 2003.

WANCEULEN FERRER, Antonio (1982) *Las Escuelas de Fútbol*. Madrid, Ed.Esteban Sanz.

WANCEULEN FERRER, Antonio *Las Escuelas de Fútbol*. El Entrenador Español. Ed. Comité Nacional de Entrenadores de Fútbol. Madrid, 1982.

WANCEULEN FERRER, Antonio *Las Escuelas de Fútbol: Pasado, Presente y Futuro*. Fútbol: Cuadernos Técnicos n.º 1. Wanceulen Editorial Deportiva. Sevilla, 2002.

WANCEULEN FERRER, Antonio y DEL PINO VIÑUELA, Jose Emilio (1997) *Fichas teóricas: funciones específicas por puestos*. Fútbol: Cuadernos Técnicos n.º 16. Wanceulen Editorial Deportiva. Sevilla, 2004.

Wanceulen Ferrer, Antonio; WANCEULEN MORENO, Antonio y Wanceulen Moreno, Jose F. (2008) *Bases para el proceso de selección y formación de jóvenes futbolistas para el alto rendimiento*. Sevilla, Wanceulen Editorial Deportiva.

WANCEULEN FERRER, Antonio; WANCEULEN MORENO, Antonio y WANCEULEN MORENO, Jose F. *Bases para la detección y selección de talentos para el fútbol de alto rendimiento*. Fútbol: Cuadernos Técnicos n.º 12. Wanceulen Editorial Deportiva. Sevilla, 2003.

WANCEULEN FERRER, Antonio; WANCEULEN MORENO, Antonio y WANCEULEN MORENO, Jose F. *El perfil del joven futbolista para el alto rendimiento* . Fútbol: Cuadernos Técnicos n.º 36. Wanceulen Editorial Deportiva. Sevilla, 2007.

WANCEULEN FERRER, Antonio; WANCEULEN MORENO, Antonio y WANCEULEN MORENO, Jose F. *El proceso de selección y formación del joven futbolista*. Fútbol: Cuadernos Técnicos n.º 37 Wanceulen Editorial Deportiva. Sevilla, 2007.

WANCEULEN FERRER, Antonio; WANCEULEN MORENO, Antonio y WANCEULEN MORENO, Jose F. *Enseñar a competir. Filosofía del proyecto formativo*. Fútbol: Cuadernos Técnicos n.º 36. Wanceulen Editorial Deportiva. Sevilla, 2007.

WANCEULEN MORENO, Antonio. *Estructuración Metodológica de la sesión de entrenamiento en el fútbol base*. Fútbol: Cuadernos Técnicos n.º 7. Wanceulen Editorial Deportiva. Sevilla, 2003.

WANCEULEN FERRER, Antonio; WANCEULEN MORENO, Antonio y WANCEULEN MORENO, Jose F. *La competición en el joven futbolista : visiones positiva y negativa*. Fútbol: Cuadernos Técnicos n.º 39. Wanceulen Editorial Deportiva. Sevilla, 2007.

WANCEULEN MORENO, Antonio. *La determinación de objetivos y la secuenciación de contenidos técnico-tácticos en las distintas etapas formativas en la estructura de cantera de un club de fútbol de élite*. Fútbol: Cuadernos Técnicos n.º 18. Wanceulen Editorial Deportiva. Sevilla, 2004.

WANCEULEN FERRER, Antonio; WANCEULEN MORENO, Antonio y WANCEULEN MORENO, Jose F. *Los factores socio-ambientales en el proceso de selección y formación de jóvenes futbolistas*. Fútbol: Cuadernos Técnicos n.º 38. Wanceulen Editorial Deportiva. Sevilla, 2007.

WANCEULEN FERRER, Antonio; WANCEULEN MORENO, Antonio y WANCEULEN MORENO, Jose F. *Metodología global y metodología analítica : su aplicación al proceso de enseñanaza-aprendizaje de la técnica y táctica del fútbol*. Fútbol: Cuadernos Técnicos n.º 12. Wanceulen Editorial Deportiva. Sevilla, 2003.

WANCEULEN MORENO, Antonio (1997) *Estructuración Metodológica de la sesión de entrenamiento en el fútbol base*. Fútbol: Cuadernos Técnicos n.º 7 Ed. Wanceulen. Sevilla, 1997.

■

Colección
MEJORA TU FÚTBOL

Mejora tu fútbol: **Funciones básicas en cada puesto**

Mejora tu fútbol: **La táctica**

Mejora tu fútbol: **Las jugadas a balón parado en fútbol–11**

Mejora tu fútbol: **La técnica**

Mejora tu fútbol: **Las reglas del juego en fútbol–11**

Mejora tu fútbol: **Condición Física**

Mejora tu fútbol: **La salud de joven futbolista**

Mejora tu fútbol: **Actitud para llegar al alto rendimiento**

Mejora tu fútbol: **Las jugadas a balón parado en fútbol–7**

Mejora tu fútbol: **Las Reglas de juego de fútbol–7**

www.ingramcontent.com/pod-product-compliance
Lightning Source LLC
LaVergne TN
LVHW010434230826
846092LV00009BA/1156

9788499934006